张爱玲 传

她的世俗与高贵

范雅 著

江苏凤凰文艺出版社

图书在版编目（CIP）数据

她的世俗与高贵：张爱玲传 / 范雅著 . -- 南京：江苏凤凰文艺出版社，2015（2024.5 重印）
 ISBN 978-7-5399-7912-0

Ⅰ.①她… Ⅱ.①范… Ⅲ.①张爱玲（1920～1995）—传记 Ⅳ.① K825.6

中国版本图书馆 CIP 数据核字 (2014) 第 278650 号

她的世俗与高贵：张爱玲传
范雅 著

出 版 人	张在健
责任编辑	傅一岑 张 婷
装帧设计	融蓝文化
责任印制	杨 丹
出版发行	江苏凤凰文艺出版社
	南京市中央路 165 号，邮编：210009
网　　址	http://www.jswenyi.com
印　　刷	南京艺中印务有限公司
开　　本	880 毫米 × 1 230 毫米　1/32
印　　张	7.875
字　　数	158 千字
版　　次	2015 年 3 月第 1 版
印　　次	2024 年 5 月第 2 次印刷
书　　号	ISBN 978-7-5399-7912-0
定　　价	48.00 元

江苏凤凰文艺版图书凡印刷、装订错误，可向出版社调换，联系电话 025-83280257

目录

序		001
第一章	**秉性**	001
一	家世	003
二	童年	011
三	母亲	023
第二章	**逃离**	037
一	寻家	039
二	阻隔	048
三	决绝	056
四	无家	064

第三章　天才　　　　　　　　　075
　一　初露　　　　　　　　　 077
　二　寻己　　　　　　　　　 082
　三　天才　　　　　　　　　 086
　四　乱世　　　　　　　　　 092

第四章　成名　　　　　　　　　103
　一　问路　　　　　　　　　 105
　二　投石　　　　　　　　　 112
　三　早名　　　　　　　　　 123

第五章　决恋　　　　　　　　　125
　一　结缘　　　　　　　　　 127
　二　醉梦　　　　　　　　　 141
　三　结婚　　　　　　　　　 153
　四　苦竹　　　　　　　　　 158
　五　情变　　　　　　　　　 161

第六章　决裂　　　　　　　　　179

第七章	沉默	189
第八章	遗忘	197
第九章	苏醒	209
第十章	传奇	221
张爱玲年表		228

序

这是我十年前的旧作,因要重印,把我吓了一跳。

仿若一种被藏起来的隐蔽的"自以为是",却被人发现了秘密。

张爱玲的传记是难于写好的。

十年前,是我胆子大,不知天高地厚。

所以这本张爱玲的传记哪怕是十年前出版后,我竟然从来没有自己读过。

之前也有朋友向我索要过签名书,终究是不好意思,不敢做这些事情,只是自己留存了好些样书,偷偷摆在自己的书架上,亦不敢去翻看。

因着要重印,找编辑把稿子再要来细读,一一修改,希望有信心些。

稿子初读了几页,便在内心鄙薄嘲笑自己文字的抒情性,关上电脑,趴在书桌上嘲笑了自己的文风许久。

我向来是一个不喜抒情的人,更害怕矫情,我喜欢理性的表达。

但是也暗自感叹,十年时间,真是足够一个人成长。

能揶揄自己以前的文字,说明十年的时间,我改变了很多,也许更深刻了。

稿子于是又慢慢读下去,进入文字的内容,很奇怪的感觉,渐渐觉得自己写得不错。

至少我在表达的文气上和张爱玲的文字是一致的。

恍惚间我甚至以为这个传记是张爱玲自己写的。

又有了一些惊喜和得意。

亦没想到十年前自己的文字如此地文艺,却又冷峻,一如张爱玲。

大抵是因为我和张爱玲都是天秤座,秉性上有互通的了解?

十年前自己三十一岁,而张爱玲是出名趁了早的。

张爱玲是一个世俗的人,世俗是因为她在生活中清醒又冷漠。

她的高贵,一般人承受不起的。

张爱玲的世俗恰恰又是超越世俗的,因为懂得俗世的不易,所以更守得住自己的坚持。

她是从不妥协的,只是在感情中对自己喜欢的人一味地好。这样的好也是不妥协的。

绝情也是深情。

我还是喜欢她那几句"因为相知,所以懂得。因为懂得,所以慈悲"。

序

我亦喜欢她那句"海上月是天上月,眼前人是心上人"。
写得真好啊,海上与天上之远,眼前与心上之近。
可惜了,远近的辩证正是所有亲密关系无法到达的远近。
或许,现在再去写张爱玲传,怕是无法超越十年前的文字了。
竟渐渐自信起来,也颇为喜欢十年前的自己了。
还好那个时候胆子大。
人是要仗着胆子去做一些让自己吃惊的事情的。
否则在时光的颠覆中,都没有可以温暖自我的回忆。

范雅

2023 年 5 月 20 日于重庆

第一章 秉性

上海，总是十里洋场的时尚与前卫，不管在哪一个年代，每每在小说中提到它，就百转千回瞬间就活色生香地转入人世。让我们把时光调回1920年9月30日的上海，在一栋民初样式的老洋房里，一个乳名唤作"小煐"的女孩出生了。她就是张爱玲。祖上的荣耀犹如一块牌匾，光荣已随岁月隐退，剩下的是一具撑不起的晚清躯壳。而她，就出生在这样的荣耀和显贵里，骨子里流淌着李鸿章、张佩纶的高贵血液，成长于阳光后面的灰暗里。

这些给了张爱玲敏感的自尊，高贵、冷漠又热情。这些是她文字的秉性，也是她生命的底色。

第一章 秉性

一 家世

　　成年以后的张爱玲并不愿意和人谈及自己家族的旧闻逸事，每有人提及，她总是顾左右而言他，或许，这个时候是敏感而过于自尊。自尊大概是因为家族的没落以及李鸿章晚年的政事。李鸿章亲手签署了一系列割地赔款的条约，丧权辱国的脏水都由他一人担承。在这样偏激的民族怨恨中，他前半生的政治辉煌被淡化了。虽说不愿谈及，可是家族的影子总是反映在张爱玲的小说中，好像一个保存了很久的秘密，而文学恰恰成了那一口可以将秘密变形而倾吐的树洞。只要以小说的形式叙述，一段不愿提及想要逃避的往事，总会以最轻松的方式释放出来。这既是张爱玲的文学世界，也是文学给所有作者和读者的一个生活的出口。

　　在张爱玲的小说《创世纪》中，就曾以曾外祖父李鸿章作为原型：

戚宝彝在马关议和，刺客一枪打过来，上了面颊。有这等样事，对方也着了慌，看在他份上，和倒是议成了。老爹爹回想，把血污的小褂子进呈御览，无非是想夸他们一声好，慰问两句，不料老太后只淡淡地笑了一笑，说："倒亏你，还给留着呢！"

这些都是家里的二爷们在外头听人说，辗转传进来的，不见得是实情。紫微只晓得老爹爹回家不久就得了病，发烧发得人糊涂了的时候，还连连地伏在枕上叩头，嘴里喃喃奏道："臣……臣……"他日挂肚肠夜挂心的，都是些大事；像他自己的女儿，再疼些，真到了要紧关头，还是不算什么的。然而他为他们扒心扒肝尽忠的那些人，他们对不起他。

小说文字中隐含着对李鸿章的揶揄和嘲讽，却又像是内心深沉的自卑，在道义上为曾外祖父不值。小说中，张爱玲也不过在靠这样的方式来维护自身的尊严。可李鸿章毕竟是晚清惊天动地的人物，甚至传言张爱玲在成名后也借李鸿章来为自己的新书作宣传，被人诟病，指责她虚荣。哪里有什么虚荣呢？褪去文学的光环，她就是一个普通人，谁人骨子里没有虚荣，而且别样地自尊和虚荣。

好像午后的阳光，从窗户直射进堂屋老旧的家具上，在光线里起舞的是蒙蒙的灰尘。她的骨子里流着李鸿章、张佩纶的血液，她那奇异的自尊像极了那样一个贵族没落时候的不甘姿态。表面上是满不在乎的消极抵抗，内心却是入骨入髓的铭心怨怼。她心甘情愿成就祖上的虚荣，她心甘情愿地帮着他们敷衍着黯淡的荣光。最终，

第一章　秉性

她在《对照记》中提到祖父母时，写道：

> 我没赶上看见他们，所以跟他们的关系仅只是属于彼此，一种沉默的无条件的支持，看似无用，无效，却是我最需要的。所以他们只静静地躺在我的血液里，等我死的时候再死一次。我爱他们。

提到祖上的荣光，我们就不得不去探访一番李鸿章和张佩纶了。张佩纶是才子，李鸿章亦是，后来张才子因才华出众颇受李才子赏识而成了李才子的女婿。

张佩纶的父亲张雨樵，和李鸿章因同朝为官而结识。李鸿章在平定太平天国时期，与张雨樵共拟军务，私交甚好，可惜的是，张雨樵后来因政事劳累死于太平天国战乱期间。李鸿章却于太平天国时期功成名就。叛乱平定后，李鸿章由于佐助恩师曾国藩有功，获封一等肃毅伯。直至1872年，曾国藩病逝，直隶总督兼北洋大臣由李鸿章接替，之后他主持清朝政务二十五年，权倾一时。

张雨樵病故后，儿子张佩纶才七岁。毕竟是世家子弟，基因和家世都在那里，张佩纶妥妥地承袭了父亲的才华。他二十三岁应试中举，二十四岁再登进士，二十八岁擢升为侍讲学士及都察院侍讲属左副都史。

恃才之人总是傲物，张佩纶才华横溢，同时也有着无人可亲近的清高臭脾气。不管什么达官贵人，只要有把柄在他手里，一支利笔，一纸奏折，便叫朝堂红翎顶戴无形之中消失一顶。书生意气，年少得志，张佩纶爱憎分明，正义凛然，渐渐成为"清流派"的代表和主力。

1884年，法国入侵越南，企图以此作为入侵中国、窥视台湾的基地。张佩纶早已对朝廷前几次中外战争都以割地赔款告终的行为颇为不满，力主抵抗。政治宿敌军机大臣孙敏汶趁机上奏，提出要"清流派"去驻守海防前线。于是张佩纶被派往福建马尾，成为著名的"马尾事件"的主角。一个书生的意气和踌躇满怀的志气，阻止不了一个王朝没落的走势。更何况张佩纶不过是一词臣和一书生，只知道按照李鸿章的电报布局战守，结果，马尾一战一败到底，福建水师全军覆没。

更悲怆和凄惨的是，一向傲人的张佩纶居然在大雨中顶着一只破铜盆狼狈逃生。简直是斯文扫地。在他落难之时，昔日政敌正好抓住机会报复，在朝廷不依不饶地攻击他。结果就是他被革职流放，前路漫漫，前途渺茫。

直至1888年，张佩纶才被召回京师。昔日才子的意气风发已经是颓唐挫败的黯淡之境了。而宿命难以捉摸，福祸相依相存。李鸿章好像前辈子欠了他似的，从天而降，将他从泥潭中捞出。在他被革职充军、流放张家口之时，不仅屡屡救济，将他收为内僚，还将自己唯一的掌上明珠李菊耦嫁给了他。

这段婚姻，如果不是李鸿章真心欣赏张佩纶，是不可能成就的。这段婚姻，如果不是李菊耦真心爱慕这位文人的正直秉性，也是不可能成就的。

张佩纶此时已四十一岁，第二任夫人刚死了两年，自己又是个

第一章 秉性

发配的囚犯；而李菊耦二十三岁，花样年华，才貌双全。更何况，她嫁与张佩纶不是原配，充其量也只是第二任续弦。李菊耦的母亲觉得这桩婚事女儿受尽了委屈，何等哭闹，可终究拗不过丈夫和女儿的一致决定。

这段婚姻在当时被传为佳话，甚至小说《孽海花》都"抄袭"了这段佳话。张佩纶有一次去拜访李鸿章，看见一位女子"眉长而略弯，目秀而不媚，鼻悬玉准，齿列贝编"，自己赶忙回避的时候，却见此女子也是满脸绯红，慌里慌张地进了里屋，似乎对自己颇为有意。张佩纶看到桌上放着一张纸，纸上两首七律：

基隆南望泪潸潸，闻道元戎匹马还。
一战岂容轻大计，四边从此失天关。
焚车我自宽房琯，乘障谁教使狄山。
宵旰甘泉犹望捷，群公何以慰龙颜。

痛哭陈辞动圣明，长孺长揖傲公卿。
论材宰相笯中物，杀贼书生纸上兵。
宣室不妨留贾席，越台何事请终缨。
豸冠寂寞犀渠尽，功罪千秋付史评。

诗中之意乃是红巾翠袖在为张佩纶揾英雄泪，张佩纶看到此，内心惊心动魄，想不到李鸿章年轻貌美的女儿竟钟情自己。李鸿章此时顺势提出请张佩纶为自己的女儿物色佳婿。张佩纶问及要求条件时，李鸿章直言说"要和贤弟一样的"。言下之意，张佩纶已了然于胸。几天之后，张佩纶就来提亲，李鸿章一口答应。

这桩婚事就这样成了。

《孽海花》中描述张李两人的情节，多是按照才子佳人的故事杜撰而成。在小说中，李鸿章化名"戚毅伯"，张佩纶则化名"庄仑樵"。张爱玲还曾因看了《孽海花》去问父亲张志沂："非常兴奋，去问我父亲，他只一味辟谣，说根本不可能在签押房撞见奶奶。那首诗也是捏造。"（《对照记》）童年的这段故事对张爱玲影响极大，在她后来的小说中，对于自己的曾外祖父化名也是姓戚的。

婚后的张佩纶留住李鸿章府中，只是与李菊耦花前月下、煮茶论诗，不再过问政事了。即便后来再得李鸿章推荐，任翰林院编修，可在协助李鸿章和八国联军谈判时，张佩纶骨子里的清高劲儿又来了。他的很多意见都和李鸿章不合，可此时李鸿章已是他的岳父，他又投靠其门下，不能撕破脸彻底反对，自己不愿意委屈，又没有钱，所用花费皆是妻子的嫁妆，不得不辞官归隐南京。

书生意气没了，只剩下红袖添香，聊度残生。《孽海花》中有言道："诗酒唱随，百般恩爱，仑樵倒着实在享艳福哩！"

少年时代的张爱玲还读过祖父此时所写记录夫妻生活的《涧于日记》。不知道这《涧于日记》和《红楼梦》是不是张爱玲的文学启蒙呢？

张佩纶的《涧于日记》中有记：

第一章　秉性

午后与内人论诗很久。（一八八九年二月初三日）

雨中与菊耦闲谈，日思塞上急雹枯坐时不禁怃然。（一八八九年六月初八日）

合肥宴客以家酿与余、菊耦小酌，月影清圆，花香摇曳，酒亦微醺矣。（一八九〇年元月十六日）

菊耦小有不适，煮药，煮茶，赌，读画，聊以遣兴。（一八九〇年二月初五日）

梦中得诗："一叶扁舟一粟身，风帆到处易迷津。能从急流滩头转，便是清凉畛里人。"（一八九〇年九月三十日）

菊耦蓄荷叶上露珠一瓮，以洞庭湖雨前之，叶香茗色汤法露英四美具矣。兰骈馆小坐，遂至夕照衔山时，管书未及校注也。（一八九一年六月二十二日）

小坐于兰骈馆，静候夕阳衔山。读到此句，确为张佩纶"夕照衔山"中的这个"衔"字叫好。这里的闲情雅致，和《红楼梦》中记载的那些细致贵族生活，真的很像；而且李菊耦不论外貌，还是品性，或是才华，也颇像《红楼梦》中的女子。

张佩纶也是配得上李菊耦的，或许正是因为他的隐居，才真正成全了李菊耦美满的婚姻生活。"菊耦生日，夜煮茗，谈史，甚乐。"纯文人配俏佳人，每天的煮茶论画，风流高雅，一般人家哪里学得会赶得上。真是有些张爱玲自己所写下的"岁月静好"之境。大家闺秀气质的李菊耦娴静恬美，眼中安静却有着张爱玲一样的傲气，而新婚后李菊耦眼中的傲气渐渐散淡了，只剩下幸福和满足。这些气质，静想下来，张爱玲都是一脉相承的。我想，这就是张爱玲所说的"一种沉默的无条件的支持，看似无用，无效，却是我最需要的"。

可后来，张佩纶的女儿张茂渊，也就是张爱玲的姑姑，觉得父亲是配不上母亲的。大抵是因为父亲经济上的穷酸，凡事都靠岳父李鸿章救济，在仕途上又是末路，年龄也大母亲二十岁。相片上张佩纶脸圆胖颓唐，尽管在日记中写着和李菊耦在南京的宁静生活，可在脸上显现的到底是一副不得志的失意相。临死前，他告诉自己的二儿子："死即埋我于此。余以战败罪人辱家声，无面目入祖宗邱袭地。"这样丧气悲凉的话，不知道死后会给李菊耦一种怎样的生活心态。

煮茶论史，赏画恩爱，到底也成了这样一抹夕阳衔山的苍凉之辉了。

张爱玲是了解祖父张佩纶的苦闷的，真有纵使举案齐眉，到底是意难平的味道，当然，这意难平的不是夫妻之情，而是壮志未酬，于是她在《对照记》中也提到：

《孽海花》上的"白胖脸儿"在画像上已经变成赭红色，可能是因为饮酒过多。虽有"恩师"提携（他在书信上一直称丈人为"恩师"），他一直不能复出，虽然不短在幕后效力，直到八国联军指名要李鸿章出来议和，李鸿章八十多岁心力交瘁死在京郊贤良寺。此后他更纵酒，也许也是觉得对不起恩师父女。五十几岁就死于肝疾。

第一章 秉性

二 童年

或许正因为这样的家世，或许正因为在荣耀的阴影中度过灰暗的童年，才让张爱玲在之后的创作中说出这样的话："在传奇里面寻找普通人，在普通人里面寻找传奇。"

张爱玲两岁的时候，父亲在天津独居。张子静在《我的姐姐张爱玲》中这样描述当时的情景："那一年，我父母二十六岁。男才女貌，风华正茂。有钱有闲，有儿有女。有汽车，有司机；还有好几个烧饭打杂的佣人，姐姐和我还有专属的保姆。那时的日子，真是何等风光。"

表面的风光下往往都暗藏着汹涌激流。

压抑久了的父亲张志沂想要分家，当时正好托堂兄在津浦铁路局谋了一个英文秘书的职位，趁着要去天津任职的机会，正式提出与同父异母的哥哥张志潜分家。张志潜是张佩纶原配夫人朱芷芗的儿子。张家本不富裕，张家后来的财产都是李菊耦的陪嫁。而且在张佩纶死后，张志潜已偷偷私吞一部分。可即便是这样，张爱玲父亲所分得的财产依然相当丰厚。

有了这样一笔财产，张志沂觉得自己一下子自由了，猛地挣脱了大家族日积月累的约束，重见天地。

张爱玲在《对照记》中这样记录祖母要求张志沂背书的场景：

我父亲一辈子绕室吟哦，背诵如流，滔滔不绝一气到底，末了拖长腔一唱三叹地作结。沉默着走了没一两丈远，又开始背另一篇。听不出是古文时文还是奏折，但是似乎没有重复的。我听着觉得心酸，因为毫无用处。

他吃完饭马上站起来踱步，老女佣称为"走趟子"，家传的助消化的好习惯，李鸿章在军中也都照做不误的。他一面大踱一面朗诵，回房也仍旧继续"走趟子"，像笼中兽，永远沿着铁槛兜圈子巡行，背书背得川流不息，不舍昼夜抽大烟的人睡得晚。

即便是毫无用处，可在李菊耦的眼里，只有这样的教育方式才最对得起丈夫。贵族遗风，自骄自贵，又有着难以遮挡的心酸。李菊耦在用人的眼中，是响当当大户人家的千金，李鸿章的掌上明珠，可在丈夫死后，生活的种种细节再也掩藏不住这难以支撑的体面。在张爱玲的《对照记》中，就有对这种没落的心酸的描写：

第一章　秉性

带我的老女佣是我祖母手里用进来的最得力的一个女仆。我父亲离婚后自己当家,逢到年节或是祖先生日忌辰,常躺在铺上叫她来问老太太从前如何行事。她站在房门口慢条斯理地回答,几乎每一句开始都是"老太太那张('辰光'皖北人急读为'张')……"

我叫她讲点我祖母的事给我听。她想了半天方道:"老太太那张总是想方(法)省草纸。"

对祖母的节约,张爱玲是这样看的:

我觉得大杀风景,但是也可以想象我祖母孀居后坐吃山空的恐惧。就没想到不等到坐吃山空。命运就是这样防不胜防,她的防御又这样微弱可怜。

听到这些话的爱玲觉得祖母"微弱可怜"。微弱的女人在丧夫之后无依无靠,不管再高贵的身份和血统,恐怕对于无法把握的人生都是心怀恐惧的吧。她将自己的生活和儿子的生活依旧寄希望于一片被光芒笼罩的海面,看不清楚背后的波涛汹涌,只是一味地坚持和观望,怀着不愿意走出梦境般的迷恋。当人为自己画地为牢,便很难从中走出来。李菊耦正是如此,她站在贵族的旧山上,发出自己微弱的光芒,犹如萤火,一闪一灭。难以把握未来的安全感的极度缺乏,导致她采用了在草纸上节约的招数。可怜。

不过我想,从张爱玲本身出发,她应该极其明白祖母节约草纸的行为，一张张随意用去的不值钱的草纸，不经意间，厚厚的一摞就消失了；这样的感觉如同家族的辉煌一样，曾经也是厚重高远的，不经意间，光芒逐渐黯淡了；这样的感觉犹如时间的流逝，一天天或不曾在意或值得记住的时光，如一页页翻的书，书翻完了，自己的人生也就走完了。李菊耦一定是从逝去的荣光中，感受到人生最后的苍凉和无助。这样的感受，和张爱玲骨子里的苍凉，何尝不是如出一辙呢？

正是因为极其缺乏安全感，李菊耦有了想要控制一切的心思，期望在自己孤儿寡母的坚强里把握一份未来的希望，去追随即将逝去的荣耀那最后一丝光芒。

这种心态很像《金锁记》中的曹七巧，不过曹七巧的行为是出于对生活不如意的怨恨，李菊耦则是善良的。她的这种行为是想保护自己的子女。她给儿子穿颜色娇嫩的过时的衣履，一是害怕儿子穿入时，"会跟着亲戚的子弟学坏了，宁可他见不得人"。这样的心思同样可怜，害怕控制不了儿子，于是便在穿着上令他"羞缩踧踖，一副女儿家的腼腆相"。

《对照记》中同样提到：

沉默片刻，老女仆又笑道："老太太总是给三爷穿得花红柳绿的，满帮花的花鞋——那时候不兴这些了，穿不出去了。三爷走到二门上，偷偷地脱了鞋换上袖子里塞着的一双。我们在走马楼窗子里看见了，都笑，又不敢笑，怕老太太知道了问。"

第一章　秉性

尽管是出于善良,却也是将自己对未来的恐惧、对生活的恐惧,都置入对儿女的教育中去了。

"三爷背不出书,打!罚跪。"
"孤儿寡妇,望子成龙嘛!"

这些是用人们眼中所见,口中所说,事出有因,情有可原。而且它又是如此符合孤儿寡母的心态,戏里都是这么唱的。

背不出书来就罚跪,终于造就了张志沂的绕室吟、背诵如流。可张爱玲对父亲此种能力的评价是:"我听着觉得心酸,因为毫无用处。"

这种担惊受怕和无用之为彻底丢掉了张佩纶的秉性,儿子越来越像母亲,甚至渐渐长成了李菊耦的忧郁。

1912年,李菊耦在抑郁中去世,此时张志沂十六岁,张茂渊十一岁,两人无法独立生活,只好跟着同父异母的哥哥张志潜生活。张志潜也就借机私吞了李菊耦陪嫁带来的钱财和土地。

张家和李家的财力悬殊。李家当时是极其有钱的。说李家富可敌国,一点也不夸张。李氏兄弟六人,李家在安徽合肥拥地六十万亩,每年仅收租就五万石。在《中国近代农业史资料》中提到:"(李鸿章)家中田园、典当、钱庄值数万元不算,就芜湖而论,为长江一市镇,与汉口、九江、镇江相埒,其街长十里,市铺十之八九皆五房创造,贸易则十居四五。合六房之富,几可敌国。"张佩纶的财产大多来源于李菊耦的陪嫁,因为夫人家世厚重,丰润张氏也便跟着富足起来。

张志沂二十六岁的时候跟张志潜分家,分到名下的财产只有一小部分。不过,这一小部分就包括八座花园洋房,还有安徽、天津、河北各地的大宗田产。

李菊耦去世三年后,张志沂和黄素琼结婚。黄素琼是清末首任长江水师提督黄翼升的孙女,广西盐法道黄宗炎的女儿。看起来又是一场门当户对的婚姻,然而不同的认知却早已为以后的分道扬镳埋下了伏笔。

张志沂和黄素琼新婚时,似乎一切都是有希望的,经济上有祖上的攒集,生活上沿袭祖上的贵气,思想上又受到了"五四"的感染,颇有些知识分子的进步;既像是大时代下世家家庭的微澜,也像是家庭矛盾最初的萌发。在这样的环境里,张爱玲的童年生活最初是愉快的。

"我们搬到一所花园洋房里。有狗、有花、有童话书,家里陡然添了许多蕴藉华美的亲戚朋友。""只记得被佣人抱来抱去。"张爱玲生活在被人簇拥的日子里。住洋房,有司机,有打杂的用人,还有专门照顾张爱玲的用人。

生活极其讲究,依然是大户人家的精致富贵:"我记得每天早上女佣把我抱到母亲床上去,是铜床,我爬在方格子青锦被上,跟着她不知所云地背唐诗……"

当时照顾张爱玲的用人姓何,张爱玲叫她"何干","干"是

第一章 秉性

"干妈"的意思。张爱玲被"何干"抱来抱去的时候,喜欢去扯她脖子上因衰老松弛下来的皮肤。皮肤的松软表示着人的老去,这样的老去叫幼年的张爱玲对"何干"生出很多的怜惜,便不再脾气很坏,不再抓得她满脸血痕了。

颜色一直是张爱玲极其敏感关注的,如果能穿越时空,可以看到张爱玲乖乖地坐在板凳上,穿着白底小桃红短纱衫,红裤子,喝着一碗淡绿的六一散,唱着脆生生的谜语:"小小狗,走一步,咬一口。"这是多么鲜活的一幅画面,恐怕张爱玲都要情不自禁地多爱自己一些了。后来更大一些,她还缠着"何干"学了一些皖北农村的歌谣,其中有句"桃枝桃叶做偏房",原意是描写最理想的半村半郭的隐居生活,然而从用人的口中说出来,是对主人的奚落。小爱玲只是一味地学,长大后恐怕对这样的句子就有感悟了。

童年轻松、快乐,一切都是明亮温馨的,会因为一切简单的事情快乐。天井的一角架着个青石砧,有个通文墨、胸怀大志的下人时常用毛笔蘸了水在那上面练习写大字。这人瘦小清秀,讲《三国志》给张爱玲听,张爱玲替他取了一个莫名其妙的名字叫"毛物"。

洋房院里有个长有疤痕的丫头,张爱玲便称她为"疤丫丫"。院里还有一架秋千,疤丫丫荡秋千之时,荡到最高处,一个机灵翻过去,张爱玲便尖叫起来,快乐得很。而后来这个带给张爱玲单纯快乐的"疤丫丫",到底落入命运之中成为受人欺负的角色。在《童言无忌》中,张爱玲书写了她的命运。

毛物的两个弟弟就叫"二毛物""三毛物"。毛物的妻叫"毛物新娘子",简称"毛娘"。毛娘生着红扑扑的鹅蛋脸,水眼睛,一肚子"孟丽君女扮男装中状元",是非常可爱的然而心计很深的女人,疤丫丫后来嫁了三毛物,很受毛娘的欺负。

当然我那时候不懂这些,只知道他们是可爱的一家。他们是南京人,因此我对南京的小户人家一直有一种与事实不符的明丽丰足的感觉。久后他们脱离我们家,开了个杂货铺子,女佣领了我和弟弟去照顾他们的生意,努力地买了几只劣质的彩花热水瓶,在店堂楼上吃了茶,和玻璃罐里的糖果,还是有一种丰足的感觉。然而他们的店终于蚀了本,境况极窘。毛物的母亲又怪两个媳妇都不给她添孙子,毛娘背地里抱怨说谁教两对夫妇睡在一间房里,虽然床上有帐子。

小孩总是喜欢去走亲戚的。张爱玲曾被姑姑带着到一户没落官宦人家去。每次都坐人力车,走很久的路。一路上街道冷落偏僻,两边是低矮的白灰的房屋,每间房屋前有黑色的同样矮小的门,一条长长的弄堂走进去之后,才是亲戚家。一大家子人挤满了各处,大抵是来投奔主人的,站都站不下。姑姑此时对爱玲说:"他们家穷是因为人多。"张家比起李家总是清贫许多,亲戚也是如此。张爱玲此时却想,这大抵也是个清官,不然怎会穷?

屋里的人看着爱玲都是一副窘迫尴尬的微笑模样,有种怕被人看不起的自卑。在仆人的带领下,在一间光线较好的房间,她见到

第一章 秉性

一位坐卧在藤椅上的老人，爱玲称他为"二大爷"。老人叫爱玲背诗，爱玲就背从母亲那儿学会却不知道意思的诗。每次背到"商女不知亡国恨，隔江犹唱后庭花"的时候，老人都会流泪。

老人哭泣，因为新时代他赶不上，旧时代他回不去。而童年中的一切，对于爱玲来说都是新的，她迈开脚丫子去追赶新鲜。年初一爱玲预先嘱咐阿妈明天要早早地喊她起来看他们迎新年，可是阿妈见爱玲熬夜实在辛苦，就没有叫她。爱玲醒来，鞭炮已经放过，迎新年仪式已经结束。爱玲觉得委屈遗憾极了："我觉得一切的繁华热闹都已经成了过去，我没有份了，躺在床上哭了又哭，不肯起来，最后被拉了起来，坐在藤椅上，人家替我穿鞋的时候，还是哭——即使穿上新鞋也赶不上了。"错过便如此遗憾，该是怀着怎样的期待呢？从这里又何尝不能体会到张爱玲骨子里的完美主义？

童年对于孩童来说，一切都是简单幸福的，而李家和张家落日余晖的阴影却已经给张爱玲的童年打上一层阴暗的底色。在这样的大家庭里，张爱玲作为女孩子，自然而然要比弟弟地位低些。就连带着弟弟的用人"张干"，处处都觉得比带着张爱玲的"何干"要高人一等。"何干"却也理所当然地认为自己带着女孩子心虚一些，处处忍让"张干"的飞扬跋扈。张爱玲见"何干"受欺负，心中哪里能忍让呢？她时常和"张干"辩驳，而"张干"并不示弱，只因为张爱玲女儿的身份，便指着她充满恶意地说："你这个脾气只好住独家村！希望你将来嫁得远远的——弟弟也不要你回来。"不知道儿时的爱玲听到这样的话语，内心会受到怎样的伤害。

"张干"曾买了个柿子,觉得太生,便收在抽屉里。爱玲发现这件事情之后,便很留意"张干"是否忘记了,隔两天就打开抽屉看一下。"张干"忘记了这个柿子的存在,张爱玲后来回忆说,当时心中有一种奇异的自尊心,促使她自己终究没有去问,直到这个柿子最终烂成了一泡水,哪怕她为这样的浪费而惋惜,都没有告诉"张干"。

爱玲抓着筷子,"张干"就说:"筷子抓得近,就嫁得远。"爱玲连忙抓远一点,说:"那抓得远呢?""张干"却说:"当然嫁得更远。"爱玲只得生闷气。男孩子在家里显得要尊贵些,这使爱玲在童年中受到了很大的伤害,小小年纪便想到,真要改变这样的状况就是以后事事要超过弟弟,"要锐意图强,务必要胜过弟弟。"

张爱玲天资聪慧,相比起弟弟的平庸来说,实在是优秀得多。姐弟俩一起玩的时候,出主意的总是姐姐,而弟弟只有听从安排的份。爱玲将两人设置为"金家庄"的两员骁将,自己叫月红将军,擅长使一柄宝剑,弟弟扮杏红将军,擅长使两只铜锤,家中处处是布满漫山遍野的手下。在夜幕黄昏之时,随着岁月的恍恍惚惚,带领着众将士翻山越岭攻城拔寨。

开幕的时候永远是黄昏,金大妈在公众的厨房里咚咚切菜,大家饱餐战饭,趁着月色翻过山头去攻打蛮人。路上偶尔杀两头老虎,劫得老虎蛋,那是笆斗大的锦毛毯,剖开来像白煮鸡蛋,可是蛋黄是圆的。我弟弟常常不听我的调派,因而争吵起来。(张爱玲《童言无忌》)

第一章 秉性

张爱玲回忆那段时光时说:"他既不能命,又不受令。然而他实是秀美可爱,有时候我也让他编个故事:一个旅行的人为老虎追赶着,赶着,赶着,泼风似的跑,后头呜呜赶着没等他说完,我已经笑倒了,在他腮上吻一下,把他当个小玩意。"

弟弟无法胜过爱玲,因为早慧敏感的孩子总是能够占得先机。对于弟弟的不争气,张爱玲都曾叹息:

我弟弟实在不争气,因为多病,必须扣着吃,因此非常的馋,看见人嘴里动着便叫人张开嘴让他看看嘴里可有什么。病在床上,闹着要吃松子糖——松子仁舂成粉,掺入冰糖屑——人们把糖里加了黄连汁,喂给他,使他断念,他大哭,把只拳头完全塞到嘴里去,仍然要。于是他们又在拳头上擦了黄连汁。他吮着拳头,哭得更惨了。(张爱玲《童言无忌》)

弟弟唯一能够胜过爱玲的,就是长得漂亮。张爱玲在《童言无忌》中这样记叙:

我弟弟生得很美而我一点也不。从小我们家里谁都惋惜着,因为那样的小嘴、大眼睛与长睫毛,生在男孩子的脸上,简直是白糟蹋了。长辈就爱问他:"你把眼睫毛借给我好不好?明天就还你。"然而他总是一口回绝了。有一次,大家说起某人的太太真漂亮,他问道:"有我好看么?"大家常常取笑他的虚荣心。

可姐姐毕竟是才华和聪明总胜过弟弟一筹,难免惹得弟弟嫉妒。在孩童世界里,年长的总是强悍于年幼的,而年幼的总是追随年长的,甚至总不如年长的时候,他会加倍表现来引起注意,甚至希望胜出。张爱玲说:"他妒忌我画的图,趁没人的时候拿来撕了或是涂上两道黑杠子。我能够想象他心理上感受的压迫。我比他大一岁,比他会说话,比他身体好,我能吃的他不能吃,我能做的他不能做。"

第一章 秉性

三 母亲

张爱玲曾在随笔《必也正名乎》中说:"我自己有一个恶俗不堪的名字。"

弟弟叫张子静,张爱玲也在文中揶揄:"回想到我们中国人,有整个的王云五大字典供我们搜寻两个适当的字来代表我们自己,有这么丰富的选择范围,而仍旧有人心甘情愿地叫秀珍,叫子静,似乎是不可原恕的了。"

张爱玲表示对自己的名字不满,为什么不能用另外几个美丽的字眼,这样的想法很简单也很真实,甚至有一点小虚荣——

即使本身不能借得它的一点美与深沉,至少投起稿来不至于给读者一个恶劣的最初印象。

话又说回来。要做俗人,先从一个俗气的名字着手,依旧还是"字眼儿崇拜",也许我这些全是借口而已。我之所以恋恋于我的名字,还是为了取名字的时候那一点回忆。"

回忆中的事情细节很短,可爱却是恒久的。张爱玲原名并非张爱玲,乳名就一个"煐"字。直到张爱玲十岁的时候,母亲建议将她送去上学,父亲不肯,在母亲强烈的反对下,硬将张爱玲送去学校。爱玲平时在家里受到母亲的教育和熏陶不少,一去学校,直接进入四年级插班学习。只是在填写入学档案的时候,母亲觉得"张煐"这个名字不响亮,本想重取一个名字,可时间仓促,硬着头皮想了一会,实在无好的选择,只好说:"暂且把英文名字胡乱译成两个字罢。""ailing"自英文名Eleen所取,Eleen原意是"烦恼"。

后来,母亲一直想着再给张爱玲换一个名字,可是俗事诸多,终究没有改成,当这个名字响彻文坛的时候,已经没有必要再改。张爱玲一直认为自己是个俗人,自己也说要做俗人,先从一个俗气的名字着手。反而是这样的认知,人才真正不俗,而那些有着秀美名字的人,犹如小说中白流苏、范柳原、许世钧、顾曼桢,在爱情的追求中,从纯真到堕落,到底不过世俗一生。而她却是顶着这样一个俗气的名字,在情爱之中做了许多大气纯粹的情事。

还有便是,张爱玲对于母亲深刻的爱,几乎影响了她的一生。尽管母亲陪伴张爱玲的童年时光异常的少,可是这将门之女的率性和勇敢,叫张爱玲一直对母亲有种崇拜和爱戴。张爱玲说:"在孩子眼里,她是遥远而什么的。我一直是用一种很罗曼蒂克的爱来爱

第一章 秉性

着我的母亲,她是个美丽的女人。"同时,母亲思想新潮、崇尚西洋文化,性情倔举、刚烈。母亲的刚烈同样滋生在张爱玲的血液里,母亲的痕迹一直成长在张爱玲的时光里。尽管是如此俗气的一个名字,却是母亲对于张爱玲感情的证据。

张爱玲应该是感激当年黄素琼顶着反抗父亲的压力,硬将她送到学校去的。黄素琼将张爱玲送进了学校,可对弟弟就没有那么用心去管了,心里想着,到底是他的儿子,他总不至于不给自己儿子受教育。谁知张志沂就真的那么迂腐,只是在家里请了老师教授四书五经,加之后来张志沂和继母都染上了"芙蓉癖",一切资金都投入到鸦片上,孩子读书要买的手工纸都嫌贵。弟弟直到年龄很大了,才被送去协进小学五年级读书,到底天资不如爱玲,在家里又被耽搁了时间,弟弟连中学都没念完就出去做事了。

张爱玲对父亲的行为心中甚是愤恨。在《小团圆》中,她还写到父亲关于不许弟弟读书的借口:"九莉觉得他守旧起来不过是死路一条,但是比较省,借口'底子要打好',再拖几年再说。"

母亲在这样家庭里,注定是格格不入的。尽管婚前的生活衣食无忧,也是门当户对,年龄相当。只是,黄素琼虽然是大家闺秀,可是和张志沂的生活环境完全不一样。张爱玲骨子里的离经叛道和黄素琼是如出一辙的。黄素琼后来自己改了名字,改名叫黄逸梵。"逸梵"这个名字,有些遭遇人生之后的领悟,"逸梵",安逸超于凡世。

黄逸梵和张志沂不一样。张志沂有一个早年丧父极度缺乏安全感的母亲,张志沂的童年就压抑在这样的阴影里,黄逸梵虽然也出身清末的官宦世家,却深受清末民初的民主自由氛围的熏染。黄逸梵有着男儿的奔放和洒脱,是敢于为自己的生活去争取的新女性。

黄逸梵总说自己是湖南人,还说湖南人最勇敢。她不仅有湖南人的勇敢,还生得高挑美丽。她的长相有些异域风情,深陷的眼窝,高挺的鼻梁,头发是性感的褐黄。她是湘军水师的孙女,可是她的出身并不好,因为她的母亲是一名普通的农家女,嫁给她父亲不过是做妾。对这样的身份,黄逸梵必定是敏感和自尊的,这些敏感和自尊遗传到了张爱玲的身上,但也在生活中给她增添了更多的勇气。

黄逸梵和张志沂这一桩看似门当户对的婚姻,在经历了新婚的温馨和激情之后,两人格格不入的矛盾很快就爆发出来。张志沂虽说背了一肚子八股文,但是他毕竟出身洋务世家,对外面的新世界了熟于心:他看白话文通俗小报,买国外的名牌小车,读西洋的小说……张爱玲后来喜欢读小报的习惯就源于父亲的影响,她还看到父亲曾经购买的新翻译的萧伯纳小说《心碎的屋》,书上有父亲的题字:"天津,华北。一九二六。三十二号路六十一号提摩太·C.张。"

他甚至收藏胡适的《胡适文库》,并在对旧文化的批判上引胡适为知己。不过张志沂这种批判旧文化的行为,可以用一个成语来概括,即"叶公好龙"。对于新文化和新思想,他永远不可能像黄逸梵一样身体力行。他只是一个局外人、看戏人,或许懂得却永远不会这样生活。他享受着旧式腐朽生活带给他的轻松和愉快,大抵是因为儿时被母亲压抑得过久,这样长大的儿子似乎多是懦弱无

第一章　秉性

能的。

　　张爱玲的弟弟张子静说："我父亲虽也以新派人物自居，观念还是传统的成分多。这就和我母亲有了矛盾和对立。"（张子静《永远的张爱玲·我的姐姐》）

　　黄逸梵必定是不能够容忍张志沂抽鸦片、捧戏子、纳妾、嫖妓、赌博的恶行的。在旧式大家庭里，原配夫人往往包容着丈夫的行为，但以黄逸梵的个性，她注定无法接受。最开始是劝诫，之后是争吵，然后是回娘家。诸多方式无用后，在这样的家庭里，黄逸梵看清了自己婚姻的现实，原来自己和丈夫始终是两个世界的人，她开始待张志沂以冷漠，把时间花到自己感兴趣的事情上。

　　与丈夫话不投机半句多，黄逸梵却和小姑子张茂渊建立了深厚的感情。两人思想开明，互为知己，是这个腐朽家庭最后的一丝光亮。1924 年，张茂渊出国留学，黄逸梵借口陪同，踏着那双被裹的小脚走出了这个末世清流的家庭，走进了她所向往的文明世界。张爱玲在《私语》中有如下描述：

　　我母亲和我姑姑一同出洋去，上船的那天她伏在竹床上痛哭，绿衣绿裙上面钉有抽搐发光的小片子。佣人几次来催说已经到了时候了，她像是没听见，他们不敢开口了，把我推上前去，叫我说："婶婶，时候不早了。"（我算是过继给另一房的，所以称叔叔婶婶。）她不理我，只是哭。她睡在那里像船舱的玻璃上反映的海，绿色的小薄片，然而有海洋的无穷尽的颠簸悲恸。

那一年，张爱玲四岁，张子静三岁。母亲心中的不舍和复杂，对当时那么小的张爱玲来说，该是一种怎样的印象呢？而在一个孩子的内心，这又是怎样的一种伤害呢？

最初的家里没有我母亲这个人，也不感到任何缺陷，因为她早就不在那里了。有她的时候，我记得每天早上女佣把我抱到她床上去，是铜床，我爬在方格子青锦被上，跟着她不知所云地背唐诗。她才醒过来总是不甚快乐的，和我玩了许久方才高兴起来。我开始认字块，就是伏在床边上，每天下午认两个字之后，可以吃两块绿豆糕。

每天早上醒来总不甚快乐的母亲，哪怕是在童年的张爱玲心中也留下了如此深刻的印象，这样的母亲叫张爱玲想亲近，却又觉得遥远。

而在弟弟眼中，母亲的位置早已经缺失："花园、洋房、狗、一堆佣人，一个吸鸦片的父亲，没有母亲。"

一个女人出走，必定会有另外一个女人进来。一个女人出走，很快就有另外一个女人进来。

黄逸梵走了，张志沂外养的姨奶奶进来了。姨奶奶是一名叫"老八"的妓女，妓女向来会来事，她把家里搞得也很热闹，时常有宴会，叫条子。张爱玲每每躲在帘子背后偷看。大概是出于身份的自卑，和张志沂又无子女，姨奶奶不喜欢弟弟张子静，因为弟弟是男孩子，

第一章　秉性

却因为张爱玲是女孩而一力抬举，每天晚上带她到起士林去看跳舞，张爱玲只是坐在桌子边。想必小孩是好哄的，张爱玲在《私语》里回忆，"老八"给的蛋糕她可以随意吃："面前的蛋糕上的白奶油高齐眉毛，然而我把那一块全吃了，在那微红的黄昏里渐渐盹着，照例到三四点钟，背在佣人背上回家。"

姨奶奶住在楼下一间阴暗杂乱的大房里，她毕竟识字，就教自己的一个侄儿读"池中鱼，游来游去"，却还恣意打他，使他的一张脸常常肿得眼睛都睁不开。估计总是为着自己的身份恼气。后来，她把张志沂也打了，用痰盂砸破了他的头。"于是族里有人出面说话，逼着她走路。我坐在楼上的窗台上，看见大门里缓缓出来两辆塌车，都是她带走的银器家生。仆人们都说：'这下子好了！'"（《私语》）

的确是好了，姨奶奶是张志沂亲自遣走的。可由于吸鸦片、赌博、与姨太太打架等等，张志沂的名声已经完全败坏，而且连累了堂兄张志潭。张志潭在1927年1月被罢免交通部长官职，张志沂在官场上再无以为靠，自己的小官职也被罢免了。这一次，张志沂才真正感到慌张，从醉生梦死中缓缓醒来。而这一次，他才明白黄逸梵昔日劝诫的良苦用心，他是真的需要黄逸梵了。

当初黄逸梵出走就是因为张志沂包姨奶奶，而今姨奶奶走了，或许她就该回来了。一晃已四年过去了，张爱玲八岁，张子静四岁。张志沂也举家从天津迁到上海，张爱玲在《私语》中描述了当时搬家至上海的场面：

我八岁那年到上海来，坐船经过黑水洋绿水洋，仿佛的确是黑的漆黑，绿的碧绿，虽然从来没在书里看到海的礼赞，也有一种快心的感觉。睡在船舱里读着早已读过多次的《西游记》，《西游记》里只有高山与红热的尘沙。

到上海，坐在马车上，我是非常侉气而快乐的，粉红底子的洋纱衫裤上飞着蓝蝴蝶。我们住着很小的石库门房子，红油板壁。对于我，那也有一种紧紧的朱红的快乐。

似乎所有的醒悟都是为时已晚，此时的张志沂被毒品折磨得无法自拔，丝毫没有意志力，更自己私下注射吗啡，已经显出一种垂垂老矣的死态：

然而我父亲那时候打了过度的吗啡针，离死很近了。他独自坐在阳台上，头上搭一块湿手巾，两目直视，檐前挂下了牛筋绳索那样的粗而白的雨。哗哗下着雨，听不清楚他嘴里喃喃说些什么，我很害怕了。

母亲的出走，叫张爱玲手足无措；张志沂的状态，叫张爱玲害怕无助。

母亲要回来了。只是这个时候，张爱玲对母亲的印象可能已经模糊。毕竟黄逸梵走的时候，她才四岁。女佣告诉张爱玲，她应该要高兴。母亲回来的那一天，张爱玲吵着要穿上她认为最俏皮的小

第一章 秉性

红袄,以一种喜庆的颜色来迎接母亲。然而小孩的想法和大人到底不一样,黄逸梵看见张爱玲的第一句话就是:"怎么给她穿这样小的衣服?"张爱玲的热情,犹如被一盆冷水浇下来。

当然,母亲回来看见孩子衣服小了,难免心疼难过。不久,张爱玲就有了新衣。时光顿时变成了一件好看的新衣服,一切都不同了。张志沂也被送到戒毒医院里去,痛悔前非。

我们搬到一所花园洋房里,有狗,有花,有童话书,家里陡然添了许多蕴藉华美的亲戚朋友。我母亲和一个胖伯母并坐在钢琴凳上模仿一出电影里的恋爱表演,我坐在地上看着,大笑起来,在狼皮褥子上滚来滚去。我写信给天津的一个玩伴,描写我们的新屋,写了三张信纸,还画了图样。没得到回信——那样的粗俗的夸耀,任是谁也要讨厌罢?

张爱玲这个时候才真正感受到什么是正常的生活。心中有了情感,日子过起来便是充满希望的,她爱着母亲带来的一切:

家里的一切我都认为是美的顶巅。蓝椅套配着旧的玫瑰红地毯,其实是不甚谐和的,然而我喜欢它,连带的也喜欢英国了,因为英格兰三个字使我想起蓝天下的小红房子,而法兰西是微雨的青色,像浴室的磁砖,沾着生发油的香,母亲告诉我英国是常常下雨的,法国是晴朗的,可是我没法矫正我最初的印象。

在这几年,张爱玲受到了母亲的启蒙,不仅有文学的,还有人生的。

我母亲还告诉我画图的背景最得避忌红色,背景看上去应当有相当的距离,红的背景总觉得近在眼前,但是我和弟弟的卧室墙壁就是那没有距离的橙红色,是我选择的,而且我画小人也喜欢给画上红的墙,温暖而亲近。(《私语》)

画中温暖而亲近的感觉,大概是张爱玲所有小说人物真正的心灵渴求吧。

这段时间母亲对张爱玲给予了悉心的教导,张爱玲内心的敏感细腻也是从母亲身上一脉相承的,这为她以后的文学才华奠定了根基。母亲见张爱玲流泪,就向弟弟表扬爱玲说:"你看姊姊不是为了吃不到糖而哭的!"弄得张爱玲很不好意思,笑了,眼泪也干了。这场景,真是说明了张爱玲对自己母亲有一种罗曼蒂克的爱。

黄逸梵是个喜欢看小说的人,这点对张爱玲影响很大。母亲看老舍的小说,母女二人一起笑了,张爱玲因此对老舍小说异常喜欢,这种喜欢其实就如她对自己名字的感觉——虽然俗气,但因为是母亲取的,所以喜欢。

张志沂在医院里治好了病。出来后,估计是害怕自己控制不了黄逸梵,极其没有安全感。"我父亲把病治好之后,又反悔起来,不拿出生活费,要我母亲贴钱,想把她的钱逼光了,那时她要走也

第一章　秉性

走不掉了。"这样的行径，蛮像当年李菊耦管理张志沂的方式，李菊耦给张志沂穿女孩子一样的衣服，束缚他的手脚，叫他只能依偎在自己的周围。而张志沂是想控制黄逸梵的经济，以为在经济上束缚了黄逸梵，就捆绑了黄逸梵的翅膀。黄逸梵毕竟不是一个小孩，更何况她那么有主见。"他们剧烈地争吵着，吓慌了的仆人们把小孩拉了出去，叫我们乖一点，少管闲事。我和弟弟在阳台上静静骑着三轮的小脚踏车，两人都不作声，晚春的阳台上，挂着绿竹帘子，满地密条的阳光。"（《私语》）

张爱玲一直崇拜着母亲，所以在父母离婚的事上也默默地支持母亲。这场婚姻好像一片玻璃，只要碎了一道口子，便会迅速分崩离析。父母的婚姻很快结束了，离婚协议中写着：张爱玲和张子静都由父亲监护和抚养。其中提到了一条，就是张爱玲日后要进什么学校，都要征得黄逸梵的同意。

张志沂自是不想离婚的，当初答应了黄逸梵"戒除鸦片""不纳小妾"两个条件，才哄得黄逸梵回来。黄逸梵回来后，自己却没有做到"戒除鸦片"，也就无法驳斥黄逸梵。张爱玲的表哥黄德贻说："办离婚手续的时候，她父亲几次拿起来笔来要签字，长叹一声又把笔放回桌上。律师看他那个样子，就问她母亲是否要改变心意，她说：'我的心已经像一块木头！'"

如此决绝！听了这话，不知张志沂心中作何感想。但已经成为一块木头的心，是无论如何都无法再暖起来了。

对于离婚，小姑子相当支持嫂子。张家的这对姑嫂很是超出一般的姑嫂关系，黄逸梵是李鸿章的远房外孙女，因着这层关系，黄逸梵和张茂渊特别近亲。当初小姑子张茂渊出国留学，黄逸梵同样作为监护人陪同，也是黄逸梵逃离张家的一个机会。张茂渊是张家的人，怎会不知黄逸梵的心思，若不是和黄逸梵志同道合，怎会帮助黄逸梵？从这里也可以看出，张茂渊虽然是张志沂的妹妹，却和黄逸梵是同一类型的人，看不惯张家没落贵族的腐朽习气，她们极其渴望新生活。这个家庭每一次的纠纷中，张茂渊总是和黄逸梵站在一起。这次离婚，张茂渊也和黄逸梵一起搬走了。

张爱玲在《私语》中提到：父母终于协议离婚。

其中，"终于"二字颇叫人心酸。

对于父母的离婚，大概爱玲心中是想着可以去看母亲，就觉得非常高兴和安慰。母亲是张爱玲的偶像，在父母的离婚上，张爱玲丝毫没有左右黄逸梵婚姻的能力，她仅仅能够收获的就是可以看望母亲的安慰，这样的安慰给她带来了长远的希望。

而对于父亲，张爱玲内心充盈了长久的轻看。

张爱玲受母亲影响极大。她似乎不愿意在母亲面前表现出脆弱的一面，敏感得似乎只要表现出脆弱就会得到跟父亲一样的待遇，就会遭到母亲的看不起。可这样一个敏感早慧的女孩，和黄逸梵又是何其相似？《私语》中，张爱玲提到母亲即将出国，出国之前到学校来看她：

不久我母亲动身到法国去，我在学校里住读，她来看我，我没有任何惜别的表示，她也像是很高兴，事情可以这样光滑无痕迹地

第一章 秉性

度过,一点麻烦也没有,可是我知道她在那里想:"下一代的人,心真狠呀!"

这样的文字表达背后,该是怎样的复杂和隐忍呢?明知道自己不哭,会给母亲带来"下一代人心真狠"的感受,可是张爱玲偏偏就这样,偏偏学得跟母亲一模一样地自尊。

一直等她出了校门,我在校园里隔着高大的松杉远远望着那关闭了的红铁门,还是漠然,但渐渐地觉到这种情形下眼泪的需要,于是眼泪来了,在寒风中大声抽噎着,哭给自己看。

连哭都只是哭给自己看,感情纵是再深,可是心就学得那么硬。

而母亲走后的那个家,已经随着父亲的精神状态越发显得阴沉灰暗。在张子静的《我的姐姐张爱玲》中这样记录:"离婚这件事,对我父亲的打击可能是比较大的。抽鸦片已经不能麻木他的苦闷,进而开始打吗啡了。他雇佣了一个男仆,专门替他装烟和打针。他的身体和精神日渐衰弱,神经也开始有点不正常。亲戚朋友听到这个情况,都不敢上门来看他。"

张爱玲也觉得父亲的房间渐渐变成了永远的下午,没有希望的下午,越来越接近黑暗的下午,在那里坐久了,便觉得沉下去,沉下去。

从此,爱玲想要逃离父亲的家。

第二章 逃离

童年，曾几何时由鲜明的橙色逐渐变成了灰暗的绿色——赶不上的时光，留不住的芳华，却在骨子里追随一种"家"的理想。正是少年时期对"家"真切的渴望，致使张爱玲对"家"的精义不舍地追求着，而这一次次追求中的失望，铸就了张爱玲骨子里的那份苍凉。从追求到逃离，本就是一个性质。不得，才去追求；追求，何曾不是另外一种逃离。

第二章 逃离

一　寻家

张爱玲一直在寻找着自己的精神家园。一生都是。

自从父母离婚后,张爱玲就一直在寻找一种真正的家的感觉。也是在这样的心理状态和精神状态下,张爱玲对于母亲、姑姑的家和父亲的家立刻变得爱憎分明起来。

黄逸梵离婚后,和张爱玲的姑姑张茂渊同住多年,那里才是张爱玲精神内在的真正归宿。姑姑和母亲,应该是童年张爱玲精神世界里所偏爱的人物。她喜欢姑姑和母亲家里的欧式家具、瓷砖、浴盆、桌椅、墙上异域风情的绘画,一切都叫她着迷。连着这股子冲突世俗的野劲,张爱玲说:"我所知道的最好的一切,不论是精神上还是物质上的,都在这里了。因此对于我,精神上与物质上的善,向来是打成一片的,不是像一般青年所想的那样灵肉对立,时时要起冲突,需要痛苦的牺牲。"这是姑姑和母亲的家给张爱玲的感觉,依旧是一种熟悉的感觉,在这样的熟悉里,可以找到一些安全的温暖。

"另一方面有我父亲的家,那里什么我都看不起,鸦片,教我弟弟做《汉高祖论》的老先生,章回小说,懒洋洋灰扑扑地活下去。"这是父亲的家给张爱玲的感觉,一切却没有精神,一切更没有希望。

父亲的家带给张爱玲的是一切不好的现象,在那个时候,张爱玲"像拜火教的波斯人,我把世界强行分作两半,光明与黑暗,善与恶,神与魔。属于我父亲这一边的必定是不好的"。

父亲的家只能给她一些聊以慰藉的亲情:"我喜欢鸦片的云雾,雾一样的阳光,屋里乱摊着小报(直到现在,大叠的小报仍然给我一种回家的感觉),看着小报,和我父亲谈谈亲戚间的笑话——我知道他是寂寞的,在寂寞的时候他喜欢我。"

不多久,母亲就去了法国。姑姑家成为张爱玲心中唯一的家,大约是因为留有母亲的味道。

后来,张爱玲在《私语》中回忆:"今天早上房东派了人来测量公寓里热水汀管子的长度,大约是想拆下来去卖。我姑姑不由得感慨系之,说现在的人起的都是下流的念头,只顾一时,这就是乱世。"

张爱玲喟然长叹:乱世的人,得过且过,没有真正的家。

可是在那个时候,张爱玲对姑姑的家却有一种天长地久的感觉。

我们可以从《私语》中读到一个内心充满安全感和温暖感的张爱玲,颇有一种纵是乱世却偏安一隅的自由自在与乐趣:

第二章 逃离

我姑姑与我母亲同住多年，虽搬过几次家，而且这些时我母亲不在上海，单剩下我姑姑，她的家对于我一直是一个精致完全的体系，无论如何不能让它稍有毁损。前天我打碎了桌面上的一块玻璃，照样赔一块要六百元，而我这两天刚巧破产，但还是急急的把木匠找了来。

近来不知为什么特别有打破东西的倾向。（杯盘碗匙向来不算数，偶尔我姑姑砸了个把茶杯，我总是很高兴地说："轮到姑姑砸了！"）上次急于到阳台上收衣裳，推玻璃门推不开，把膝盖在门上一抵，豁朗一声，一块玻璃粉粉碎了，膝盖上只擦破一点皮，可是流下血来，直溅到脚面上，擦上红药水，红药水循着血痕一路流下去，仿佛吃了大刀王五的一刀似的。

给我姑姑看，她弯下腰去，匆匆一瞥，知道不致命，就关切地问起玻璃，我又去配了一块。

这一段里看到爱玲受伤无恙，便着急换玻璃，其实是有着一些生活理智的冷峻的，而姑姑的冷峻，却是极其温暖的冷峻，有着真正的亲情，且有着大刀阔斧般的男人气概。这种性情的养成，可能和李菊耦对女儿的教育有关。李菊耦对儿子处处束缚，对女儿却放开手脚，估计是害怕女人过于柔弱，受人欺负，不愿女儿似自己一副弱女子样，希望女儿有一种男儿气概，便给女儿从小穿男装，称"毛少爷"，不叫"毛姐"。张爱玲说，李家的小辈也叫她姑姑"表叔"，不叫"表姑"。

一边是精神和物质的最好状态，一边是逐渐沉沦的黄昏末日，张爱玲的内心世界变成了颜色鲜明的两半。她急切地追求着母亲和姑姑那样的生活和态度，似乎依靠着成长得像他们一样来获得一些内心的强大，由此便有了心灵自我的依靠。

冯祖贻在《百年家族张爱玲》中提到："张爱玲的母亲不必说，她姑姑在上海高等华人圈中也是数得上的时髦人物。她喜欢穿红衣裳，开跑车又骑摩托车。她早年有一笔丰厚的遗产，一度请了法国大师傅专做西餐，购买了一辆白色汽车，她会开车，但仍雇了一个白俄当司机。她与张爱玲母亲合租的赫德路爱丁顿公寓60号，房间相当宽大，有一个大客厅，两个大房，两个卫生间，一个大厨房，两个阳台，外加一个小卫生间及一个备菜间，客厅有壁炉。这个房子是专供旅沪外国人和高等华人居住的，房租奇昂。她姑姑不满意家具店的家具，房子陈设及地毯均是自己设计的。"

姑姑的独立在张爱玲看来是幸福生活的定义。她向往着自己也能像姑姑那样独立，说："我要比林语堂还出风头，我要穿最别致的衣服，周游世界，在上海自己有房子，过一种干脆利落的生活。"这个"干脆利落"就是彻底地斩断和过去的联系，斩断和父亲家庭的联系，能够自由地决定自己的方向，能够过一种干净的生活，和昏沉沉的鸦片烟雾断绝，和旧时代留下来的肮脏断绝。自从她上高一开始，便筹划着中学毕业后去英国读大学，甚至在绘画上，想通过自己的努力把中国画的风格介绍到外国去。

在父亲的家庭里，大部分是一些遗老遗少，男的大部分靠着祖

第二章 逃离

上的遗产吃喝玩乐、捧戏子、抽鸦片，女的大部分学着做大家闺秀，长大后嫁个门当户对的遗少做阔太太了事。可是张爱玲和他们设定的人生不一样，张爱玲有自己的志向。张志沂虽说和黄逸梵志趣不相投，和黄逸梵的哥哥却是真正相投，那就是抽鸦片。

尽管黄逸梵和张志沂离了婚，张爱玲还是经常去舅舅家里和表哥表姐玩。外在的环境看似是热闹的，可张爱玲更多时候是孤僻的。张爱玲不爱与人玩，总是一人沉默地绘图做卡片，做好之后找机会交给姑姑，叫姑姑代寄给母亲。后来表哥黄德贻、表妹黄家瑞也回忆说："张爱玲姐弟从小就孤僻内向，两个人性格很像，见了人都退缩，张子静尤其严重，跟我们玩不起来。到现在年纪大了，来找你，有时候常常坐着一句话也没有，就回去了。"

父母离婚后，张爱玲在学校继续学钢琴，请的是一名白俄老师，一周教一次。可是学钢琴这件事在父亲眼里毫无价值，每次张爱玲向他要学钢琴的学费之时，他总是推三阻四，不愿意给。

张爱玲回想起那个时候的场景说："我立在烟铺跟前，许久，许久，得不到回答。"后来，钢琴课也就断了。

父亲是阻断张爱玲童年中追求一切愉快事情的对象。命运总是两面相互成就和伤害，张爱玲一面为着逃离父亲的家做着准备，而另一面父亲的家又持续地伤害着她。这加剧了张爱玲别离的决心。

在少年时代，张爱玲就开始固执地为自己以后的生活设置一个理想状态，她下定决心要"站在赤裸裸的天空下"。以后的人生，她都坚定地按照自己少年时期所追求的完美生活出发，并为之付出代价。

　　雪上加霜，父亲再婚了。对张爱玲，这是一场结结实实的伤害。

　　张爱玲的继母孙用藩在今天看来，其实是个有传奇色彩的女人，颇有张国荣、梅艳芳所演电影《胭脂扣》中如花的几分影子。不过，孙用藩和如花的身份不一样，一个是青楼的卖笑妓女，一个是名门闺秀，但她们都遭遇了一番相遇死生、相同情节的爱情。

　　孙用藩是清末大臣、晚清外交家、北洋政府第四任代理国务总理孙宝琦的第七个女儿。当年，孙用藩暗恋自己表哥，后偷偷与表哥发生关系欲与之成亲，但是家里人嫌弃其表哥贫穷，两人决定择一旅馆双双服毒殉情，谁知表哥临死反悔，自己不想死了，就通知孙用藩家里人去旅馆接她回去，叫孙家丢尽了脸。

　　孙用藩的这个事情闹得很大，跟《胭脂扣》中的如花不同，如花是死成了，可是孙用藩毕竟没有死成。殉情这事，死了还能让人生出几许钦佩；孙用藩殉情不仅没有殉成，反而被情人抛弃出卖，活成了所有人的笑柄。为了留存这唯一的脸面，孙用藩在家寻死觅活。孙宝琦此时正是官做得风光之时，知道家里出了这样的丑闻，也不免对女儿嫌弃，越发逼着她寻死。

　　孙宝琦一妻四妾，有子女二十四人，反正有那么多女儿，也不差这一个。家里人毕竟看不下去，劝了下来，大致是说这事已经出了，即便是小姐死了，名声也已经败坏了，小姐的死对名声于事无补，可小姐这会儿死了，反而会更加连累老爷，说是老爷逼死了小姐。孙宝琦并没有听进去，眼里如何看孙用藩都不顺眼，只是真正想叫

第二章 逃离

孙用藩死，也觉得下不去手。他再也不想有人在自己面前提及孙用藩，无法，只有对外界说女儿已死。从此，孙用藩成了一个活死人。

至此，为排解郁闷，孙用藩染上了抽大烟的习惯。孙用藩和陆小曼还是闺中密友，陆小曼同样有抽大烟的习惯，这在当时被称为"阿芙蓉癖"。若不是出了这样的事，孙用藩在当时也算是社会名流，她床前还挂着陆小曼画的油画，可见二人交情甚好。

张爱玲的《对照记》中有对继母孙用藩的介绍，由此可见一斑："她父亲孙宝琦以遗老在段祺瑞执政时出任总理，即在北洋政府也算是'官声不好'的，不知怎么后来仍旧家境拮据。总不见得又是因为'家里人多'？他膝下有八男十六女。妻女都染上了阿芙蓉癖。我继母是陆小曼的好友，两人都是吞云吐雾的芙蓉仙子。婚后床头挂着陆小曼画的油画瓶花。她跟'赵四风流朱五狂'的朱氏姊妹也交好，谢媒酒在家里请客，她们也在座。"

自从孙用藩染上"阿芙蓉癖"后，更难以和权贵攀亲，青春也逐渐耽误了，直到三十六岁，才嫁与张志沂。张志沂是在1933年房地产行情看涨时期和孙用藩的哥哥孙景阳结识的。经亲戚介绍，张志沂给日商住友银行的在华买办孙景阳做助手，帮助孙景阳处理与英美银行等洋行业务的书信往来。张志沂本就熟悉英文，以前又做过秘书，工作起来得心应手，很得孙景阳的赏识，加上又是孙景阳的随身秘书，两人经常在一起，关系很好。有亲戚就提出将孙景阳的一个庶出的妹妹嫁给张志沂，这个妹妹就是孙用藩。

对于孙用藩年轻时与表哥的情事，张志沂也有所耳闻，但是他并不介意,不知道是不是志气短的原因,他这样开释他人,似乎更像在开释自己:"我知道她从前的事,我不介意,我自己也不是一张白纸。"

张志沂很看重这次婚姻,他觉得这次婚姻好像是他人生的又一次开始。何况孙小姐据说很是精明能干,善于料理家务事,又善于对外应酬;还有就是,按照当时孙家的门第,孙用藩嫁到张家算得上是下嫁。

但是这场婚姻对于张爱玲来说,是造成她童年彻底阴郁的导火线。

张爱玲在《私语》中明确提到对于父亲再娶的仇恨:

然而来了一件结结实实的、真的事。我父亲要结婚了。我姑姑初次告诉我这消息,是在夏夜的小阳台上。我哭了,因为看过太多的关于后母的小说,万万没想到会应在我身上。我只有一个迫切的感觉:无论如何不能让这件事发生。如果那女人就在眼前,伏在铁栏杆上,我必定把她从阳台上推下去,一了百了。

尽管张爱玲内心迫切希望这样的事情不要发生,可十四岁的她除了恶言恶语地在内心怨恨几句,实在也是无能为力。父亲和继母的婚礼于订婚半年后在华安大楼举行,姑姑带着张爱玲出席了这场婚礼。整个婚礼从开始到礼成,张爱玲始终未置一词,她以沉默来表达自己的不满。

第二章　逃离

那点在鸦片烟雾中的浅浅闲聊的父女间的快乐，被这场婚礼彻底结束了。而张爱玲童年那奇异的自尊心越发坚毅，开始和成人的世界形成鲜明的对抗。

二　阻隔

后母孙用藩一进门，张爱玲就知道，她和父亲的亲情将永远地被这个陌生女人阻隔。父亲本来就给了她一个怪异的世界，而后母更是加速了这世界的灰暗。

孙用藩进门后，开始展现她那精明能干、善理家务的优点。毕竟是名门闺秀，天生有那么一股子伶俐的手腕和技巧，张志沂处处又听她的，孙用藩的掌控力很快就在家里显现出来。她首先审理了家里的日常开支，接着辞退了张家几个老用人，换成了孙家带来的用人，美其名曰节约开支。

孙用藩又觉得现在住房太狭小，以无气派为理由，要求搬家。很快，她就换住到了张爱玲二伯父家的别墅。

二伯父一家不像张志沂喜欢奢侈。这栋别墅本来是李菊耦的陪嫁，后来分家的时候分给了二伯父，二伯父觉得别墅太大，想将别

第二章 逃离

墅出租。张志沂应孙用藩的要求，趁这栋别墅空出来的机会，一家很快就搬了进去。只是，孙用藩依然不喜欢这个奢侈的大宅子，这个宅子的一切都遗留着上一任女主人的气息。

这栋老房子，同样让张爱玲感到窒息。

"房屋里有我们家的太多的回忆，像重重叠叠复印的照片，整个的空气有点模糊。有太阳的地方使人瞌睡，阴暗的地方有古墓的清凉。房屋的青黑的心子里是清醒的，有它自己的一个怪异的世界。而在阴阳交界的边缘，看得见阳光，听得见电车的铃与大减价的布店里一遍又一遍吹打着《苏三不要哭》，在那阳光里只有昏睡。"（《私语》）

而此时回到自己的出生地，现实的阴暗叫张爱玲的内心沉闷，自己一直在原地打转，怎么也走不出命运凄苦的安排。在她心目中，后母总是刻毒的，这是父亲的家，她的生活越来越糟，性格也变得沉默寡言。

可总要面对孙用藩，于是面对后母的时候，张爱玲选择了沉默和技巧性的回避。她对后母有礼有节，犹如一种自我保护和自我隔绝，甚至还会装作很大度地和后母谈一些有关天气的话题。

其实，如若孙用藩不主动伤害张爱玲的话，张爱玲或许会和孙用藩永远这样相安无事下去。她甚至看到后母初嫁到自己家的一系列敏感和谨言慎行，用她细致的笔墨，将后母的心理状态描摹下来，写了一篇文章《后母的心》。这篇文章不小心被孙用藩看到了，还以为是张爱玲体谅自己，故意为自己写的，异常感动，在张志沂面前对张爱玲夸个不停。后来凡有亲友到来，孙用藩都要在亲友面前夸赞张爱玲懂事，文笔又好。

其实，这只是张爱玲的一篇习作，并无特别讨好后母的意思。但是由此也可看出张爱玲其实是懂得如何和后母相处的，而孙用藩也并非一个绝对不好相处的人。只是，张爱玲敏感的自尊，有时候让人感觉到她内心的傲慢。这种傲慢深深伤害了孙用藩，伤害了这颗后母的同样敏感的心。

张爱玲对后母的意见是从弟弟的生活变化开始的。自从后母进门，张爱玲主动避讳，利用住读的条件，很少回家。她和弟弟平时很少见面，颇有已经自顾不暇的感觉了。对弟弟，她只是暗自担心，但是又明显地感觉到弟弟过得不好。每次回家，她都会在家里看到弟弟与年老的"何干"受磨折，但即便是不平，"因为实在难得回来，也客客气气敷衍过去了"。

然而，所有的不快都是累积而成的，所有的矛盾都在寻找着一个爆发点。导火线发生在一次放假：

有一次放假，看见他，吃了一惊。他变得高而瘦，穿一件不甚干净的蓝布罩衫，租了许多连环图画来看，我自己那时候正在读穆时英的《南北极》与巴金的《灭亡》，认为他的口胃大有纠正的必要，然而他只一晃就不见了。大家纷纷告诉我他的劣迹，逃学，忤逆，

第二章 逃离

没志气。我比谁都气愤，附和着众人，如此激烈地诋毁他，他们反而倒过来劝我了。（张爱玲《童言无忌》）

可以想象一个姐姐看到弟弟在如此处境却又如此不争的难堪和心痛。这样的心痛，张爱玲那个被鸦片迷惑了脑子的父亲自然不会知晓，他更不会理解一双儿女内心的痛苦，张志沂正满心地讨好着孙用蕃，似乎讨好了孙用蕃就可以弥补黄逸梵给自己带来的伤害。

后来，在饭桌上，为了一点小事，我父亲打了他一个嘴巴子。我大大地一震，把饭碗挡住了脸，眼泪往下直淌。我后母笑了起来道："咦，你哭什么？又不是说你！你瞧，他没哭，你倒哭了！"我丢下了碗冲到隔壁的浴室里去，闩上了门，无声地抽噎着，我立在镜子前面，看我自己的掣动的脸，看着眼泪滔滔流下来，像电影里的特写。我咬着牙说："我要报仇。有一天我要报仇。"（《童言无忌》）

张爱玲看到弟弟被打而悲哀，流下眼泪。这样一种兔死狐悲的心态，不再仅仅是对弟弟的心疼了，而且是为自己哭泣。这样的哭泣，孙用蕃怎么可能感受不到呢？更何况，孙用蕃年轻时的一系列情事遭遇，已经让她的性情阴鸷变态。孙用蕃的笑声显示她已经看穿了张爱玲对她的警戒，张爱玲对她的感情永远是冷漠和防备的，甚至在内心还埋藏着深深的怨恨。她知道她是无论如何都没有办法走进这个女孩的内心，并获得认可了。

张爱玲哭着说，终有一天，她要报仇，可是弟弟没有张爱玲那么敏感，或许是"从来纨绔少伟男"，很快张子静就从被父亲抽嘴巴的事件中挣脱出来。"浴室的玻璃窗临着阳台，啪的一声，一只皮球蹦到玻璃上，又弹回去了。我弟弟在阳台上踢球。他已经忘了那回事了。这一类的事，他是惯了的。我没有再哭，只感到一阵寒冷的悲哀。"（《童言无忌》）

弟弟对于这些不快的健忘，不知道是不是真正如同张志沂一样懦弱和无用，正是因为这样，张爱玲才感觉到一股寒冷的悲哀。在张爱玲眼中，弟弟的游手好闲和不务正业，已经越来越像一棵一开始就发育不良却依旧畸形生长的树。而这一层寒冷的悲哀，更进一步地拖拽着张爱玲的心，对父亲的家庭死心。

孙用蕃其实一开始也是没有准备对张爱玲好的。孙用蕃进门后，张爱玲没有做过新衣服，一直穿着继母的旧衣服。孙用蕃进门前听说张爱玲和她身材差不多，带了两箱子嫁前衣来给她穿。继母的到来，令张爱玲的生活待遇明显低了一个档次：

她说她的旗袍"料子都很好的"，但是有些领口都磨破了。只有两件蓝布大褂是我自己的。在被称为贵族化的教会女校上学，确实相当难堪。学校里一度酝酿着要制定校服，有人赞成，认为泯除贫富界限。也有人反对，因为太整齐划一了丧失个性，而且清寒的学生又要多出一笔校服费。议论纷纷，我始终不置一词，心里非常渴望有校服，也许像别处的女生的白衬衫、藏青十字交叉背带裙，

第二章 逃离

洋服中的经典作,而又有少女气息。结果学校当局没通过,作罢了。(《对照记》)

在《童言无忌》中,张爱玲也提到:"有一个时期在继母治下生活着,拣她穿剩的衣服穿,永远不能忘记一件黯红的薄棉袍,碎牛肉的颜色,穿不完地穿着,就像浑身都生了冻疮;冬天已经过去了,还留着冻疮的疤——是那样的憎恶与羞耻。一大半是因为自惭形秽,中学生活是不愉快的,也很少交朋友。"这样的羞耻,早就从外在的穿着浸透到了内在的心灵之中。

后来,张爱玲到舅母家去玩耍之时,舅母就拿出一些表姐穿过的旧衣服给她,虽说也是旧的,但毕竟是同龄人的衣服,比后母的衣服样式适合她。拿着衣服的张爱玲眼泪一下就滚落下来:"不由得要想,从几时起,轮到我被周济了呢?"(《我看苏青》)

1937年9月,张爱玲从圣玛利亚女校高中毕业。

张爱玲一直梦想着过一种开阔的生活,那就是出国留学,像她的母亲和姑姑一样。这个时候,母亲正好回来了,尽管美人迟暮,可是在域外的见识丰润出一种独特的自信和风韵。同时,母亲还带着自己四十多岁的美国男友,他看起来别样地英俊潇洒。

母亲回来就是要解决张爱玲出国留学的事情,之前也和张志沂谈过,估计是感受到了张志沂骨子里那种对出国留学的厌恶。鉴于前夫对自己决定离婚的耿耿于怀,最终,黄逸梵还是决定让张爱玲自己去对张志沂说。

春日下午，屋里的一切都被父亲和后母的吞云吐雾熏得慵懒起来。而留声机里唱着"小妹妹找哥泪花流"，曲中的悲伤加重了张爱玲的委屈。她紧张地站在父亲面前，吃力地说出自己的想法，小心翼翼地用语，越是胆怯地表达，遭到的质疑就会越严重。父亲先是一言不发，再是脸色铁青。女儿的表达显得委屈，而他自己也委屈起来。张志沂向来不赞成出国留学，黄逸梵就是出国留学回来后要和自己离婚，而自己的妹妹张茂渊也是出国留学之后和自己再也谈不到一块，分家后很少往来，甚至兄妹再无感情可言。

张爱玲一说完，张志沂立马就觉得女儿背叛了他！其实，张志沂对于自己这个灵气有加的女儿暗自是很喜欢的，但这么多年养在自己身边，女儿竟然还是和她母亲一样的志向，心里急切想的是离开他。

"母亲回过来，虽然我并没有觉得我态度有显著的改变，父亲却觉得了。对于他，这是不能忍受的，多少年来跟着他，被养活，被教育，心却在那一边。"张爱玲是了解父亲的，只是这是多年之后。当时少年的张爱玲即便是知道，却依旧压抑不住对父亲家庭的厌恶，虽说有难言之状，可她内心的想法昭然若揭。张志沂忍不住了，跳起来，把烟枪砸在地上，溅起片片碎玉，好似张志沂破口大骂时溅出的口水。他骂张爱玲不知好歹，只知道听外人挑唆，崇洋媚外。他早已忘记了当初离婚协议上张爱玲今后的教育问题——要进什么学校先要和黄逸梵商量的约定。张志沂内心是真正在意黄逸梵，怨恨她，谁叫当年她伤了他。

第二章　逃离

　　后母在一旁，也听出了张志沂的意思，张志沂的反感对孙用藩来说是刺激，她一直对这个家庭的前任女主人耿耿于怀，她立即对张爱玲露出鄙夷的神色，也大声恶毒咒骂："你母亲离了婚还要干涉你们家的事。既然放不下这里，为什么不回来？可惜迟了一步，回来只好做姨太太！"

　　父亲的拒绝，后母的羞辱，让张爱玲从那间绝望的房间里退了出来。她的心也犹如那被摔碎的玉烟斗一样无法再合拢。这种绝望同她中学毕业时在校刊毕业留言栏里写的"什么都可以忘了，只是别连我也忘了"的绝望是一模一样的，甚至更坏。本来和父亲只是隔阂，这次终于决裂。

　　张子静后来这样回忆此时的张爱玲："父亲那时候经济状况还没有转坏。但他和后母吸鸦片的日常开支太多，舍不得拿出一大笔钱来让姐姐出国。姐姐当然很失望，也很不高兴，对我父亲及后母的态度就比较冷淡了。"（张子静《我的姐姐张爱玲》）

三 决绝

1937年夏，沪战爆发。因老别墅面临苏州河，夜里常常炮声不绝，张爱玲以夜里不能入睡为理由，特地到母亲处住了两个星期。

由于对这个家骨子里已经很冷漠了，走的时候，她只是告知父亲，没有禀明后母。张爱玲的这种漠视，让孙用藩大为恼火，后母和继女之间的那层靠客套礼节维系的表面友好顷刻破裂。因此，张爱玲一回来，孙用藩积累已久的仇恨终在此时爆发。

张爱玲一进家门，孙用藩劈头就问："怎么你走了也不跟我说一声？"

张爱玲解释说："我跟我父亲说过了。"

孙用藩马上还击："跟你父亲说过了，你眼里哪还有我呢？！"说完"啪"地打了张爱玲一个嘴巴。

张爱玲如此有反抗力量的一个人，此时本能地要还手。看到这

第二章 逃离

样的情形,两个老妈子冲过来赶紧将两人拉住了。

后母却一路锐叫着奔上楼去:"她打我!她打我!"

张爱玲昏昏沉沉地挨了一耳光,这一耳光让她有种恍如隔世的陌生,这种陌生开始叫她迷失,而周围在她眼中呈现一种奇怪的清晰:"在这一刹那间,一切都变得非常明晰,下着百叶窗的暗沉沉的餐室,饭已经开上桌了,没有金鱼的金鱼缸,白瓷缸上细细描出橙红的鱼藻。"(张爱玲《私语》)

张志沂听了孙用藩夸张的挑唆,趿着拖鞋,"啪嗒啪嗒"冲下楼来,一股气势汹汹的架势。无用的男人总是脾气古怪,他揪住张爱玲犹如揪住了命运的仇人,拳足交加,吼道:"你还打人!你打人我就打你!今天非打死你不可!"

张爱玲头偏到这一边,又偏到那一边,无数次,耳朵也震聋了。

张爱玲支撑不住,渐渐坐在地上,最后躺在地上了,还被揪住头发一阵踢。

张志沂终于被人拉开。

张爱玲此时心里记起母亲的话:"万一他打你,不要还手,不然,说出去总是你的错。"所以她竟也没有抵抗。

张志沂估计也没想到自己会对女儿如此不堪,打完之后,似乎不愿面对似的,都没有看张爱玲一眼,转身上楼去了。

张爱玲立起来走到浴室里照镜子,看身上的伤、脸上的红指印,预备立刻报巡捕房去。走到大门口,被看门的巡警拦住了说:"门锁着呢,钥匙在老爷那儿。"

张爱玲想到父亲居然连自己离家出走都不允许,心中顿时凄凉,又觉得极其愤怒,她试着撒泼,叫闹踢门,企图引起铁门外岗警的注意。随即又马上醒悟,在这样的家里,撒泼不是容易的事。张爱玲回到家里来,张志沂看见张爱玲气又冒出来,又炸了,把一只大花瓶向她头上掷来,稍微歪了一歪,飞了一房的碎瓷。

等到父亲走了之后,"何干"才悄悄过来,向张爱玲哭,并说:"你怎么会弄到这样的呢?"

张爱玲这时候才觉得满腔冤屈,气涌如山地哭起来,抱着"何干"哭了许久。这个家庭里最后的一丝温存都留在了"何干"的肩上,可"何干"毕竟只是个用人,她难以承担给予张爱玲保护和温暖的责任。"然而她心里是怪我的,因为爱惜我,她替我胆小,怕我得罪了父亲,要苦一辈子,恐惧使她变得冷而硬。我独自在楼下的一间空房里待了一整天,晚上就在红木炕床上睡了。"(《私语》)

张爱玲姑姑张茂渊第二天就来说情。不知道什么时候,孙用藩和张志沂早已养成了一样的脾性和腔调。

孙用藩一见她便冷笑:"是来捉鸦片的么?"

孙用藩是冷嘲热讽,张志沂却是不等妹妹开口便从烟铺上跳起来劈头打去,把张茂渊也打伤了。张茂渊进了医院,没有去报捕房,大概是觉得这样的事情太丢面子。

张茂渊的劝说,加剧了父亲对张爱玲的仇恨,扬言说要用手枪打死她。

第二章　逃离

张爱玲明白，张志沂对姑姑的打骂，是带着对母亲的恨。张志沂认为黄逸梵和张茂渊同流合污，是一丘之貉。懦弱的人总是这样莫名其妙地恨自己身边的亲人，是因为越懦弱，占有欲与控制欲就越强吗？

张爱玲暂时被监禁在空房里，等待父亲不知什么时候可以下得了手的死刑："我生在里面的这座房屋忽然变成生疏的了，像月光底下的，黑影中现出青白的粉墙，片面的，癫狂的。"（《私语》）

尽管张爱玲知道父亲总不至于弄死她，可她此时就是想死的心情。她读到 Beverley Nichols 有一句诗关于狂人的半明半昧"在你的心中睡着月亮光"，就想到楼板上的蓝色的月光，月光的冰冷好似父亲那静静的杀机。

每天听着炮声轰鸣，她甚至希望有个炸弹落在自己家，就同他们死在一起也愿意。

"何干"看着张爱玲的精神状态已经恍惚，生怕大小姐再做出什么惊天动地的事情来，真会叫张志沂一枪打死她，再三地叮嘱："千万不可以走出这扇门呀！出去了就回不来了。"

出去了就回不来了。

张爱玲当然知道出去了就回不来了，她从来没有想过要回来，她是铁了心要出去了。

张爱玲想象了很多逃跑的计划，不管现实还是不现实，只是一系列天马行空的乱想。"首先是《三剑客》《基度山恩仇记》一齐到脑子里来了。记得最清楚的是《九尾龟》里章秋谷的朋友有个恋人,用被单结成了绳子,从窗户里缒了出来。我这里没有临街的窗,惟有从花园里翻墙头出去。靠墙倒有一个鹅棚可以踏脚,但是更深人静的时候,惊动两只鹅,叫将起来,如何是好?"

"花园里正养着呱呱追人啄人的大白鹅,唯一的树木是高大的白玉兰,开着极大的花,像污秽的白手帕,又像废纸,抛在那里,被遗忘了,大白花一年开到头。从来没有那样邋遢丧气的花。"(《私语》)

即便是在绝望的心境下,张爱玲所看到的一切仍然是文学的心灵的呈现。她看见人的生与死,悲伤连带着白玉兰的盛放,可这盛放不是惊心动魄的美丽,此时此地不过是对应着张爱玲的绝境。

而就在张爱玲想着怎样逃出去的时候,她得了严重的痢疾,上吐下泻,躺在床上,连动都动不了,更不要说逃跑了。张志沂依旧在气头上,他几乎不管女儿的生死了,不给她请医生,也不给她吃药。

他把对黄逸梵的憎恨都转移到了张爱玲的身上。

张爱玲在床上一躺就是半年。这半年里,她想了很多,看淡了生死。她总是躺在病床上,欣赏着秋冬季节的天空,天空是淡青的颜色,对面的门楼有挑起石灰的鹿角,底下累累堆积两排小石菩萨。这不知是哪朝代的小石菩萨,好像时光死去的见证,多少人多少事朦胧生朦胧死在这所房子里,最终埋葬在园子里,荒废如黄土。

越是绝望的时候,心里越会冒出一种异样的警觉性,张爱玲听见大门每一次的开关,有巡警"咕滋咖滋"抽出锈涩的门闩,然后"呛啷啷"一声巨响,铁门打开了。

第二章　逃离

开门的声音好像回声一样响在睡梦里，梦中那通往大门的一条煤屑路异常清晰，上面有脚步下沙子的吱吱叫声，有声音在内心呼唤着："快逃跑吧！快逃跑吧！"

只盼着他们哪一日能够疏于防备，自己能够悄无声息地溜出去。但是逃出去的前提是身体必须先能够自由行动。张爱玲尽量在张志沂面前不再忤逆，只是不言不语。

张志沂在"何干"的劝说下，开始对女儿有些怜惜。"何干"是张氏姐弟老祖母留下的老仆，说话还是有些分量。估计是"何干"向张志沂劝解，毕竟是自己的女儿，如果不给她治疗的话，说是亲爹逼死了自己的女儿，这话传出去也不好听。张志沂听后，想起张爱玲的乖巧灵性，竟是一时说不出话来，也不知道该怎么办，但毕竟是开始关心张爱玲的病了。

趁着孙用藩不在的时候，他偷偷给女儿注射消炎的抗生素，几次下来，张爱玲就好转了。不过，张志沂给张爱玲注射抗生素那一段，张爱玲始终没有写到自己的《私语》中，估计一生都为父亲在后母面前对自己的殴打怀着恨吧。

"何干"一直悉心照顾着张爱玲，安慰她，并叫张爱玲放宽心，不要再和父亲对着干。

一等到可以扶墙摸壁行走，张爱玲就预备逃。

她先向"何干"套口气打听了两个巡警换班的时候，隆冬的晚上，伏在窗子上用望远镜看清楚了黑路上没有人，挨着墙一步一步摸到铁门边，拔出门闩，开了门，把望远镜放在牛奶箱上，闪身出去。——当真立在人行道上了！没有风，只是阴历年左近的寂寂的冷，街灯下只看见一片寒灰，但是多么可亲的世界呵！（《私语》）

昔日被囚禁，即便是盛开的白玉兰，在爱玲眼里都是丧气的；今日重获自由，那冷寂灰寒的街都叫张爱玲觉得亲近。

我在街沿急急走着，每一脚踏在地上都是一个响亮的吻。

这句话真是心情绝妙的体现，好像一个死后重生的人对生活异样地珍惜。

张爱玲在距家不远的地方和一个黄包车夫讲起价钱来了——后来，她揶揄自己："还真高兴自己还没忘了怎样还价。真是发了疯呀！随时可以重新被抓进去。事过境迁，方才觉得那惊险中的滑稽。"

遗憾的是，"何干"因为有和张爱玲"同谋"的嫌疑，大大地被带累，张志沂把对女儿出逃的愤恨都发泄在"何干"的身上，让这个伺候了张家几十年的老保姆卷铺盖回皖北老家养老去了。

张爱玲在《小团圆》里记叙过这个人物，"何干"在《小团圆》里叫"韩妈"，最后送走韩妈的时候，"两人都知道是永别，一滴眼泪也没有"。不知道张爱玲为什么会写到两人"一滴眼泪也没有"，即便张爱玲没有一滴眼泪，韩妈估计是有的吧，毕竟是从张爱玲小时候就照顾她，对她有着很深的感情。当张爱玲逃到母亲的住处后，

第二章　逃离

"何干"还偷偷送去过一些张爱玲小时候的玩具，其中有一把白象牙骨子的淡绿的驼毛折扇，这把折扇就像童年那悠久的年代，一扇羽毛就掉，漫天飞舞，使人呛咳下泪。送别"何干"之时，张爱玲无泪，一流泪反而更心虚，估计是预料此生不会再见，心里又觉得亏欠"何干"，连累"何干"年老之时还不能在主人家养老，更或许张爱玲早已经成为乱世之中的人，心硬。

孙用藩把张爱玲一切的东西都分给了人，传出话说只当她死了。

张爱玲说：这是我那个家的结束。

四　无家

在父亲家的结束，在母亲家是新的开始。

结束父亲家的生活，也意味着结束了父亲家的财力支援，意味着自己主动放弃了在张家本该属于自己的财产。

母亲曾问张爱玲："你仔细想想，跟父亲，自然是有钱的，跟了我，可是一个钱都没有，你要吃得了这个苦，没有反悔的。"

张爱玲从小便是一个爱钱的人，她说她没有吃过钱的苦，可是母亲提出的问题也着实困扰着她。她想到家里如烟如雾的鸦片缭绕，那样的烧钱，想必等到长大也未必就还能有家产留给自己，反而在那个家最有可能的是把自己的人生耽误。当时她一心想着出国，心一横，毅然地决定了告别。

为了显示这告别的决绝，她甚至把自己在家被软禁和虐待的事情写成英文，发表在《大美晚报》上，之所以选择《大美晚报》，

第二章 逃离

是因为张志沂经常看——何其地决绝,何其地泄恨。只不过,这次决绝和泄恨的对象是自己的父亲。在这份美国人办的报纸上,编辑给张爱玲这篇文章写了一个极为轰动的标题:"What a life! What a girl's life!"

张志沂看到报纸后,重重地叹了一口气,他知道这个女儿再也唤不回来了。

当张爱玲逃到母亲的家里时,夏天轻快地到来了。

紧接着,弟弟也跟着来了,进门只带着一双篮球鞋,用报纸包着,进门就哭,只说不回去了。

黄逸梵望着哭泣的儿子有些无所适从,她冷静地告诉儿子,他必须回去,因为她的经济力量只能负担一个子女的教养费。

弟弟听了,哭得更伤心了。

张爱玲也在一旁垂泪。

最后,张爱玲无能为力地看着弟弟回去了。弟弟回去的时候,还抱着那双报纸包着的篮球鞋。

黄逸梵虽说是名门之后,但到底是庶出,得到的遗产不多,黄家分家之时,胞弟分得房地产,自己只分得首饰和古董。出国需要钱的时候,张志沂的财产黄逸梵一分都动不了,都是靠自己变卖古董才凑得出钱。回国后,又被张志沂逼着用钱。后来,和张茂渊投资,投入大量的首饰古董,竟然血本无归。当张爱玲来投奔黄逸梵的时候,黄逸梵已是捉襟见肘。

对黄逸梵毅然接受张爱玲而导致经济窘困,孙用藩笑黄逸梵"自搬砖头自压脚"。

　　就算没有弟弟，钱对张爱玲和母亲来说，也已成了一个问题。

　　问母亲要钱，起初是亲切有味的事，因为我是用一种罗曼蒂克的爱来爱着我母亲的。……可是后来，在她的窘境中三天两天伸手向她拿钱，为她的脾气磨难着，为自己的忘恩负义磨难着，那些琐屑的难堪，一点点的毁了我的爱。（张爱玲《童言无忌》）

　　钱似乎是可以考验一切感情的，母女之情也不例外。张爱玲是一个对钱极其敏感的人，大概是因为在钱里感受到了情感的尴尬和无奈，不管是以前，还是现在。
　　或许要真正去珍惜一段感情，就不要让这段感情在钱面前受到羞辱。所以，张爱玲说："我喜欢钱，因为我没吃过钱的苦——小苦虽然经验到一些，和人家真吃过苦的比起来实在不算什么——不知道钱的坏处，只知道钱的好处。"张爱玲一些爱钱的言论和行为，引得姑姑嘲笑："不知从哪里来的一身俗骨。"
　　姑姑曾一本正经地对张爱玲说："你的父母纵然身上都有很多缺点，却还不至于俗气到像你这样拿钱这么当回事。"
　　或许正是父母对钱的不在乎导致张爱玲对钱异常的在乎，她曾评价母亲："我母亲是个清高的人，有钱的时候固然绝口不提钱，即至后来为钱逼迫得很厉害的时候也还把钱看得很轻。这种一尘不染的态度很引起我的反感，激我走到对面去。"

第二章　逃离

张爱玲也毫不掩饰自己对钱的喜欢："我周岁的时候循例在一只漆盘里拣选一件东西，以一将来志向所趋。我拿的是钱，好像是个小金镑罢。我姑姑记得一个女佣坚持说我拿的是笔，不知哪一说比较可靠。但是无论如何，从小似乎我就很喜欢钱。"

张爱玲用生平第一次画漫画赚的五块钱，马上兴高采烈地买了一只小号的丹琪唇膏，黄逸梵怪张爱玲当时没有把那张钞票留着做个纪念。张爱玲说，我不像她那么富于感情，对于我，钱就是钱，可以买到各种我所要的东西。后来她觉得，只有钱才能够真正衡量两个人之间的真正的关系："能够爱一个人爱到问他拿零用钱的程度，那是严格的试验。"

对于钱的不同态度，甚至导致张爱玲和母亲黄逸梵之间有了一些隔阂。在《小团圆》中，张爱玲有这样的描写：

她跟蕊秋一床睡，幸而床大，但是弹簧褥子奇软，像个大粉扑子，早上她从里床爬出来，挪一步，床一抖，无论怎样小心，也常把蕊秋吵醒，总是闹"睡得不够就眼皮摺得不对，瞅著"。她不懂那是眉梢眼角的秋意。

她怕问蕊秋拿公共汽车钱，宁可走半个城，从越界筑路走到西青会补课。走过跑马厅，绿草坪上有几只白羊，是全上海唯一的挤奶的羊。物以稀为贵，蕊秋每天定一瓶羊奶，也说"贵死了！"这时候西方有这一说，认为羊奶特别滋补，使人年轻。

她从家里垫在鞋底带出来的一张五元钞票，洗碗打碎了一只茶壶,幸而是纯白的,自己去配了一只,英国货,花了三块钱。蕊秋没说什么。母亲节这天走过一爿花店,见橱窗里一丛芍药,有一朵开得最好,长圆形的花,深粉红色复瓣,老金黄色花心,她觉得像蕊秋。走进去指著它笑问:"我只要一朵。多少钱?"

"七角钱。"店里的人是个小老仆欧,穿著白布长衫,苍黄的脸,特别殷勤的带笑抽出这一朵,小心翼翼用绿色蜡纸包裹起来,再包上白纸,像婴儿的襁褓一样,只露出一朵花的脸,表示不嫌买得太少。

"我给二婶的。"她递给蕊秋。蕊秋卸去白纸绿纸卷,露出花蒂,原来这朵花太沉重,蒂子断了,用根铁丝支撑著。

黄逸梵是《小团圆》中蕊秋的原型,张爱玲是九莉的原型,文字中处处有九莉在蕊秋面前对钱的小心谨慎,似乎又有着赌气在里面。张爱玲小说结局之时总是叫人瞠目结舌,为着表达爱和讨好的那朵便宜的白玫瑰,最后真有它廉价的尴尬,铁丝支撑的花朵,把爱都弄得心酸和卑微。

张爱玲在父亲的家里待久了,在母亲的家里也显示出一些难以适应的情况,面对很多生活常识,张爱玲显得尤其无能。她不会自己削苹果,经过多次的努力才学会补袜子;甚至有些怕生,怕生到不敢上理发店,害怕见到母亲的客人,害怕在裁缝面前试新衣服;在一个房间里住了两年,竟然还不知道电铃在哪;天天乘黄包车上医院打针,都还不认识路。

黄逸梵培养张爱玲独立生活的能力,指点张爱玲的行为礼仪:

第二章 逃离

走路不能横冲直撞，首先要看路；说话不能直愣愣地盯着别人的眼睛，更不能东张西望，跟人说话最好就是看人眉心或鼻尖；点灯后拉窗帘，保护自己的隐私；不能张狂大笑；如果没有幽默能力，就不要讲笑话……

黄逸梵还告诉张爱玲，大户人家在众闺秀中选妾之时，命众女子抬头，在这抬头的眼神中，有三种定义：瞪大了眼睛让人看，是为不知羞耻；抬一下头，又立刻低下头，是为小家子气；央之再三将眼角一溜，徐徐抬起头来，眼帘却垂了下来，瞬即又眼风一转，头向后仰，是为媚态，称为会看。

张爱玲哈哈大笑，马上应道："这不就是《金瓶梅》里写孟玉楼的话，行走时香风细细，坐下时淹然百媚。"

母亲见张爱玲并不以为然，叹息道："要你对着镜子练习看人的眼神，并不是要你抛媚眼，是要你记着怎样看人才不算失礼……"

因为是母亲，在行为上，张爱玲还是很用心地跟母亲学淑女的那一套。可在她眼中，一切似乎都和玩有关，和自己独特的审美有关。黄逸梵教她用汽油擦衣服，她却故意放慢手脚，让汽油挥发，直到满屋子都是清新明亮的气息。张爱玲沉浸其中，觉得极美之时，黄逸梵却心疼汽油，觉得浪费。

母亲教她淑女一样地走路，她说："我母亲教我淑女行走时的姿势，但我走路总是冲冲跌跌，在房里也会三天两天撞着桌椅角，腿上不是磕破皮肤便是淤青，我就红药水搽了一大搭，姑姑每次见了一惊，以为伤重流血到如此。"而听到这样话的张爱玲又觉得异常开心，估摸骨子里对自己的秉性是暗自欣赏的。

　　黄逸梵一开始怀着满满的希望想要重新塑造张爱玲，后来逐渐觉得张爱玲无药可救，甚至觉得八九年前自己曾在上海和女儿独处的前期培养已经付诸东流，她说："我懊悔从前小心看护你的伤寒症。我宁愿看你死，不愿看你活着使自己处处受痛苦。"

　　母亲从失望默然到直接表达，张爱玲由幸福开始感到不安。"总而言之，面对现实世界来说，我就是一个废物。"张爱玲用满带沮丧的语气说出这话。

　　黄逸梵是一个西洋化的美妇人，虽说并不甚成功，可是毕竟和徐悲鸿、胡适这样的名流有过交游。张爱玲过来和母亲生活了两年，黄逸梵失望于张爱玲的无礼数，与社会要求的大家闺秀风范的淑女相差甚远，尽管她为张爱玲能够变成自己心目中的淑女做出了诸多努力，最后到底灰了心。

　　回想当初逃出父亲的家，在路上每一步都是一个"响亮的吻"时，张爱玲觉得自己对于母亲家生活的不适应就是一个讽刺。

　　"我觉得我是赤裸裸的站在天底下了。"说这句话的时候，张爱玲的内心已经满怀耻辱。而且，从母亲与她英国男朋友的关系中，张爱玲也逐渐地感受到母亲内心已经背负了另外一种生活，这生活是母亲的爱情和前途，他们一直在商量去新加坡收集马来西亚鳄鱼皮，来加工制作手袋、腰带。母亲满怀信心地奔赴自己的新生活，而张爱玲渐渐感觉到自己在母亲身边的多余。

　　母亲为了张爱玲出国留学，每天拿出五块钱请英国教师给她补

第二章 逃离

习数学，学费贵得张爱玲心惊肉跳。每一次补习的时候，张爱玲都要看表，每一分每一秒走的都是钱，心里默默怀疑着自己是否值得母亲出这样的钱。

姑姑投资亏了，不仅亏了自己的钱，还亏了母亲的钱，穷到将家里的厨子辞了，汽车卖了，只雇一个每周来两三次的男佣。有一次，张爱玲无意说起想吃包子。姑姑亲自将现成的芝麻酱做了馅，捏了四个小小的包子，蒸出来，皱巴巴的一张苦愁的脸。张爱玲看着四只包子，哽咽了。

她觉得自己少年时期所追求的心灵大厦倒塌了。

这种心情犹如《倾城之恋》中："恍惚又是多年前，她还只十来岁的时候，看了戏出来，在倾盆大雨中和家里人挤散了。她独自站在人行道上，瞪着眼看人，人也瞪着眼看她，隔着雨淋淋的车窗，隔着一层无形的玻璃罩——无数的陌生人。人人都关在他们自己的小世界里，她撞破了头也撞不进去。"这段文字很像她此时的写照，少年时总是想着有一个理想的家，但实际上真的靠近、看清了，往往还是叫人失望的。

我补书预备考伦敦大学。在父亲家里孤独惯了，骤然想学做人，而且是在窘境中做"淑女"，感到非常困难。这时候，母亲的家不复是柔和的了。

不复柔和的母亲的家，最后还是提出了她必须面对的问题：如果要早早嫁人的话，那就不必读书了，用学费来打扮自己；如果要继续读书，就没有余钱来买衣服了。

张爱玲对婚姻的看法也是比较偏激的，她平生最恨的就是一个天才的女人突然结婚。大概是因为她曾经很有才华的一个叫张如瑾的同学——读书时和张爱玲比写作，在《良友》上发表了长篇小说《若馨》，张爱玲很是欣赏，还写一篇《若馨评》；后来她嫁了人，陷在家庭琐事里面，再也没有写过文字，就此泯然众人。张爱玲在《花雕》里讽刺这样名门望族的女孩子"不能当女店员，女打字员，做'女结婚员'是她们唯一的出路"。

张爱玲选择了读书。她梦想着去英格兰留学，英格兰那明媚蓝天下的小红房子，伦敦大教堂的悠远的钟声，英国绅士缓缓地走过古朴的大街，伴着莱茵河的碧水泛着微波；或者法兰西下着青色的微雨，像是浴室的瓷砖，散发着生发油的香……

张爱玲怀揣着梦想的时候，总是能够爆发出巨大能量，在日本、菲律宾、马来西亚以及中国香港等国家、地区的许多考生中脱颖而出，获得伦敦大学入学考试远东地区的第一名。倒霉的是，第二次世界大战爆发，让她的英国梦止步于此。三年后，她以同样优异的成绩考入香港大学，即使是在香港读书，也因为战事，书还没有读完就回上海来了。

回到上海的家里，张爱玲很沉重地说：

公寓里的家还好好地在那里，虽然我不是那么绝对地信仰它了，

第二章 逃离

也还是可珍惜的。

现在我寄住在旧梦里,在旧梦里做着新的梦。(《私语》)

在旧梦中寻找新梦,在绝望中寻找希望,这大概是张爱玲的人生态度,于不完美世界中追寻完美。

在她的文字中,是她于乱世之中的冷嘲暗讽,抒写乱世的传奇人生,藏于内心不可一世的暗潮涌动,她悲叹于人生的苍凉,却又享受热爱人生的快乐,用文学的诗意装点悲剧,她爱听市声,但更钟情于生活中明亮透彻的美。哪怕是失望,写字写得感觉背上吹的风有点冷了,便走去关上玻璃门,也能够在阳台去欣赏那毛毛的黄月亮。

张爱玲说:"在没有人与人交接的场合,我充满了生命的欢悦。"过度自夸和过度自卑,是她在跟随母亲这两年里最大的感受。如果说在父亲的家里是受到了皮肉之苦和人格羞辱,那么在母亲家里,她是彻底丧失了对感情的依赖和信任,甚至失去了自己的信心,怀疑自我能力。她不无怨意地说:"除了使我的思想失去均衡之外,我母亲的沉痛警告没有给我任何的影响。"

在一次又一次对爱的渴求中,她赤裸裸地站在天底下。

纵是热爱却又有着欲迎还拒的自尊和高傲,犹如《私语》中的那声情感复杂的叹息:"古代的夜里有更鼓,现在有卖馄饨的梆子,千年来无数人的梦的拍板:'托,托,托,托。'——可爱又可哀的年月呵!"

可爱又可哀的年月,也如人生。

第三章 天才

这个世界，只有真正的文学天才是可以凭借自己的才华来吃饭的，张爱玲就是典型的一个。她怀着出名要趁早的雄心壮志，在最好的年华挥就了一篇又一篇名作，铸造了自己的尊严，成就了文坛上一段经久不息的传奇。

第三章 天才

一 初露

小荷才露尖尖角,早有蜻蜓立上头。

才华毕竟藏不住,"出名要趁早"这句话也不是随便谁可以说的。

张爱玲本来已经考上了伦敦大学,但二战爆发不能去,改入香港大学。

离开上海,远赴香港,张爱玲又一次怀揣着对这个世界和自己未来的美好想象,来到陌生的地方,开始一段寻找的时光。母亲与姑姑托了工程师李开第做她监护人,李开第是她们在英国就认识的老友,后来成了张爱玲的姑父。

船发出长长的喘气声,张爱玲穿着一件朴素的短袖旗袍,拎着一只藤编竹篮子,站在码头,满怀希望又充满焦虑,她还没有看见来接她的人。

很快,一个眼神谦和安定的中年男人朝她走了过来,询问她是否就是张爱玲。

张爱玲点头微笑。中年男人说自己就是李开第,欢迎她来到香港。

李开第开车带着张爱玲在香港转了转,告诉张爱玲哪里是跑马地,哪里是湾仔,哪里是北角。张爱玲透过车窗欣喜地望着香港街头,中式建筑和西式建筑相互交错、相互融合,街上的人也有很多颜色,黄种人、白种人、黑种人,混杂其中,他们说各式各样的语言,露出五光十色的表情……

夫人不言,言必有失。张爱玲将《论语》中的"夫人不言,言必有中"改编了,嘲弃自己不会说话,她也算是符合这句话了。她一向是沉默寡言的,尤其是见到陌生人。

张爱玲去见李开第和他太太。李开第是福建人,国语不太纯熟。坐谈片刻,李开第突然打量张爱玲一下,忽笑道:"有一种鸟,叫什么……"

张爱玲略怔了怔,笑道:"鹭鸶。"

"对了。"李开第也有点不好意思地笑着。

张爱玲不会说话,可是却会"揣摩每一个教授的心思"。她在港大那几年,是最用功发奋的,她的反应并不快,读书的天赋也不是最高的,可是会揣摩人的心思,所以年年各门功课总是第一,还连得两年奖学金。

她没有办法不对奖学金着迷,港大同学中有很多东南亚各国有钱华侨的子女,还有一些来自上海和本地家境好的学生。张爱玲在

第三章 天才

经济上自然是无法相比的，唯一能做的就是发奋读书，以此来减轻母亲的负担。更让张爱玲为之努力且着迷的是，在港大优秀毕业生有去英国留学的资格，目前这是她唯一可以实现自己梦想的方法。

在学校，她往往待在图书馆。乌木长台，侧坐于此，冰凉厚重的书籍，让她似乎可以触摸到自己血液冷静的流动。图书馆有一旧书库，她尤爱看旧书，喜坐于此，象牙签、锦套子的旧书，散发着霉味，她却喜闻乐见于书中的清代礼服五色图版、以前大臣的奏章。

青春年少，她钟情于孤行，缺少外向的流露，沿承了祖父张佩纶的严肃。对于同龄人的热闹和炫耀，她只有回避。有时候，连回避都躲不过去。曾有个叫周妙儿的富商女儿，她父亲买下了整座岛又在岛上盖了别墅。周妙儿邀请全班女生去玩，一切费用全免，唯一需要的是要摊上自租小轮船来往的几十块费用。张爱玲不愿意花费这几十块的费用，只得将实情告知修女。谁知修女说自己不能做主，将情况告知了院长，后来不知怎的，这事闹得全校皆知。张爱玲觉得尴尬异常。此事后，张爱玲完全把自己推向了拒绝现实的极端。她后来不参加任何社交活动，一是为内心自尊，二是为节省开支，甚至不学跳舞，因为参加舞会要买裙子。她自我解嘲曰："两耳不闻窗外事。"

渐渐地，她也越来越孤僻，少有朋友，更难以与外人相处。她甚至根本不在乎和别人的相处，逐渐地个人主义和自我主义，觉得和人交往是糟蹋时间，连和别人交流的愿望也彻底没有了。

她说自己是孤独惯了的。"以前自己在港大的时候，同学们常会听不懂我在说些什么,我也不在乎,我觉得如果必须讲还是要讲出来的,我和一般人不太一样,但是我也不定要和别人一样。"(殷允《访张爱玲》)

她是立志要和别人不一样的,幸亏有她的才华。正是因为她的才华,她才能够和别人不一样——不一样的孤独和高傲,少了家庭琐事的人生温暖和消磨。也真正是她这才华,却有些"成也萧何败也萧何"的悲哀了。

她沉迷于自己取得的辉煌成绩,对自己的荣誉也颇为满意。有一个非常严厉的英国教授弗朗士给了张爱玲第一名的分数,还对她说:"我教了十几年的书,可从来没有给过这样的分数。祝贺你,高材生!"这句话估计是对张爱玲刻苦努力的最高褒奖了,教授表扬时流露出一丝心不甘情不愿,好像是受了张爱玲优秀的委屈似的,似乎还隐隐含有嫉妒,到后来终变成了欣赏。

有一年张爱玲没有得到奖学金,弗朗士竟私人给了张爱玲一笔奖学金,信封装的,里面是杂七杂八的一大叠钞票,有五元、一元的,有些钱都是破烂不堪的,一共八百元。给这么多零钱,而不开支票,是害怕其他人说闲话。后来,母亲来看她,张爱玲把钱给母亲看,母亲说替她保管,转眼这八百块钱就被母亲输在了麻将桌上。

逐渐地,张爱玲也看清了母亲的另外一面:大概当年回国执意离婚,是因为恋着英国男朋友,所以经常出国。她这个时候再想去得到母亲全部的爱,已经是很难的了。这些种种,不得不逼迫张爱玲在各方面都要独立起来,更何况她自恃为天才。

第三章　天才

而这位弗朗士教授也是一位颇有些才华乃至傻气的人。他有着中国文人士大夫般的玩世不恭，写着一手俊逸的汉字，喝酒抽烟，率性随意，像竹林七贤。他在大学教书，与世隔绝，住得偏远，在自己所住的三栋房子里，有一栋专门养猪，反文明，家中不安电灯，拒绝自来水。他对中国充满好奇，好奇到和朋友去一名声很差的寺庙欣赏尼姑。

估计是因为张爱玲的某些个性，让弗朗士在她身上看到了自己的影子，于是对张爱玲更珍惜帮助了。

二　寻己

交朋友好似在寻自己。张爱玲尤其如此。

在港大三年,张爱玲交朋友极为挑剔:一个是觉得浪费时间,不肯为别人改变;再就是,她喜欢有趣智慧的人。

有个叫金桃的女孩,曾叫张爱玲留意过她异域的美。大概是因为张爱玲对于母亲异域风格长相的独特印象。金桃是马来西亚女孩,黑脸庞,小龅牙,娇生惯养却又小家子气,张爱玲说她"像一床太小的花洋布棉被,遮住了头,盖不住脚"。她在教同学们跳马来舞的时候,一小步一小步地走着,双手扬起,大声念着:"沙扬啊!沙扬啊!"声音悠长婉转,张爱玲喜欢她太平盛世的美。

有个叫月女的女孩,张爱玲留意的是她病态的美。大概是因为张爱玲也是病态的。月女患上了被强奸幻想症,整天害怕得脸色苍白,其实什么是强奸她都不知道。她父亲是个富商,有钱后在外面

第三章 天才

有了女人,据说那女人是很不正经的,估计是难以驾驭这个女人,月女的父亲回到家里,喜欢找孩子出气。月女时常露出悲恸的神色,张爱玲觉得她内心充满了空虚的耻辱感。张爱玲在《谈跳舞》中说:"她的空虚像一间关着的,出了霉虫的白粉墙小房间,而且是阴天的小旅馆。"

张爱玲对于身边的人,总是以一种观看的态度,旁人也在看她,而她看得更真切些。直到她碰到炎樱。炎樱姓摩西甸,父亲是阿拉伯裔锡兰人。

两人在秉性上是一样的,都有一股子叛逆劲。张爱玲是遗世独立,炎樱是特立独行。 炎樱比张爱玲更文艺些,她的表达往往是温暖的,不比张爱玲的冷峻。炎樱曾说: "每一个蝴蝶都是从前的一朵花的鬼魂,回来寻找它自己。"

说出这样话来的炎樱,个子小而生得丰满,看起来时时有发胖的危险,然而她从来不为这担忧,很达观地说: "两个满怀较胜于不满怀。"(这是张爱玲根据"软玉温香抱满怀"勉强翻译的,她原来的话是:Two armfuls is better than no armful.)

炎樱是混血女孩,或许这样的异域风情和黄逸梵有些像,叫张爱玲更增添了亲切感。炎樱说话响亮干脆,还有些不讲理的架势,叫张爱玲更觉得性情相投。"炎樱"是张爱玲给她取的名字——红樱桃浓烈的颜色,炎炎夏日极炙热的性格,只是炎樱却不喜欢。"起初我替她取名'炎樱',她不甚喜欢,恢复了原来的名姓'莫黛'——'莫'是姓的译音,'黛'是因为皮肤黑。——然后她自己从阿部教授那里，发现日本古传说里有一种吃梦的兽叫做'獏'，就改'莫'为'獏'。'獏'可以代表她的为人，而且云鬟高耸，本来也像个有角的小兽。'獏黛'读起来不大好听，有点像'麻袋'，有一次在电话上又被人缠错了当作'毛头'，所以又改为'獏梦'。这一次又有点像'蟆母'。可是我不预备告诉她了。"（张爱玲《双生獏梦》）

张爱玲除了读书的时间，基本上都是和炎樱在一起，两人爱好绘画，喜欢穿奇装异服。张爱玲特别欣赏炎樱的美，尤其喜欢为炎樱作画。张爱玲为炎樱画过一张穿衬裙的肖像画，一个俄国老师出五块钱，要张爱玲卖给他，见张爱玲有些为难，又赶紧说："五块钱，不加框。"

张爱玲喜欢绘画，炎樱替她上色，有一幅画，炎樱上满不同颜色的蓝和绿，张爱玲看了，脱口说出："沧海月明珠有泪，蓝田日暖玉生烟。"而这蓝与绿恰恰是张爱玲母亲最喜欢的颜色。

炎樱后来一直和张爱玲有着绘画的合作，张爱玲的《传奇》封面和胡兰成的《苦竹》封面都是炎樱设计的。张爱玲非常喜欢《传奇》那个封面，为那个强有力的美丽的图案所震慑，心甘情愿地像描红一样一笔一画地临摹了一遍。而《传奇》增订本的封面，炎樱又将其重新设计了——一个现代的女子透过窗户张望，窗户内是一个女人在桌边玩桌牌，旁边有奶妈抱着小儿，张爱玲称其"有一种古墓的凄凉"。而张望的现代女子，面无五官，给人一种懵懂不安的感觉，恰恰暗示了《传奇》的内容。

第三章 天才

张爱玲和炎樱都对色彩极其喜欢，更喜欢标新立异。张爱玲一次拿了两个奖学金，奖金二十五镑，这个价值相当于香港当时一部分人一年的收入。张爱玲决定奖励自己，挥霍一次，她拿钱买了一些料子，自己设计衣服穿。

她设计了一件矮领子的布旗袍，朵朵蓝白大花，红色艳丽的底子，样式上完全颠覆了旗袍的普通样式，领子矮得快和肩膀齐边，领子两边没有纽扣，直接往里钻就行了，袖子短到肩膀，裙子也短到膝盖。炎樱看了直惊叹张爱玲的才华。

炎樱也自己设计了一件衣服，铰下母亲一条紫红色大围巾的两头，缝在一起，就形成了一件毛线背心，还在背心上缝了一排流苏，三四寸长，同色同线的，随她走路一摇一摆。

炎樱和张爱玲在大学期间，很多时候都结伴而行。有一次港大放暑假，炎樱先走而没有等张爱玲，张爱玲知道后，躺在床上大哭不止，觉得自己落单就是被炎樱抛弃了。她后来回忆说，自己生平只哭过两次，这是其中一次。女性之间的友谊，的确是很奇怪，难以衡量，有时候似乎胜过恋情，在一个人孤独的时候。

三 天才

我是一个古怪的女孩,从小被目为天才,除了发展我的天才外别无生存的目标。然而,当童年的狂想逐渐褪色的时候,我发现我除了天才的梦之外一无所有——所有的只是天才的乖僻缺点。世人原谅瓦格涅的疏狂,可是他们不会原谅我。

这句话出自张爱玲的《我的天才梦》,是她港大求学之时,参加《西风》征文比赛而作。在港大那几年,为了减少开支,她拼命学习,为了提高自己的英文水平,为了实现有一天像林语堂那样用英文写作,她停止了中文写作,读大量的英文小说。在英文小说中,接受了西方文学的熏陶,和骨子里的东方文学素养相得益彰。

她还长期和姑姑用英文通信,姑姑在张爱玲心目中是一个可以亲近的人物,不像母亲,张爱玲只能远远地崇拜。姑姑的字写在薄

第三章 天才

薄的粉红拷贝纸上，字迹好似美人般娟秀，散发着清淡的香味。张爱玲在和自己投缘的女性交往的时候，总会捕捉到一种明朗温暖的感觉。她觉得和姑姑的通信，就像春夏的晴天，有些无聊，却又牵挂和慵懒。而参加《西风》征文比赛，是张爱玲港大三年唯一一次中文写作。

《我的天才梦》是一篇自叙身世又有些自嘲的散文，张爱玲在文中提到自己是一个古怪的女孩，更是一个超乎寻常年龄的"天才"：

加上一点美国式的宣传，也许我会被誉为神童。我三岁时能背诵唐诗。我还记得摇摇摆摆地立在一个满清遗老的藤椅前朗吟"商女不知亡国恨，隔江犹唱后庭花"，眼看着他的泪珠滚下来。七岁时我写了第一部小说，一个家庭悲剧。遇到笔画复杂的字，我常常跑去问厨子怎样写。第二部小说是关于一个失恋自杀的女郎。我母亲批评说：如果她要自杀，她决不会从上海乘火车到西湖去自溺。可是我因为西湖诗意的背景，终于固执地保存了这一点。

我仅有的课外读物是《西游记》与少量的童话，但我的思想并不为它们所束缚。八岁那年，我尝试过一篇类似乌托邦的小说，题名快乐村。快乐村人是一好战的高原民族，因克服苗人有功，蒙中国皇帝特许，免征赋税，并予自治权。所以快乐村是一个与外界隔绝的大家庭，自耕自织，保存着部落时代的活泼文化。

我特地将半打练习簿缝在一起，预期一本洋洋大作，然而不久我就对这伟大的题材失去了兴趣。现在我仍旧保存着我所绘的插画多帧，介绍这种理想社会的服务，建筑，室内装修，包括图书馆，"演武厅"，巧克力店，屋顶花园。公共餐室是荷花池里一座凉亭。我不记得那里有没有电影院与社会主义——虽然缺少这两样文明产物，他们似乎也过得很好。

九岁时，我踌躇着不知道应当选择音乐或美术作我终身的事业。看了一张描写穷困的画家的影片后，我哭了一场，决定做一个钢琴家，在富丽堂皇的音乐厅里演奏。

对于色彩，音符，字眼，我极为敏感。当我弹奏钢琴时，我想像那八个音符有不同的个性，穿戴了鲜艳的衣帽携手舞蹈。我学写文章，爱用色彩浓厚，音韵铿锵的字眼，如"珠灰""黄昏""婉妙""splendour""melancholy"，因此常犯了堆砌的毛病。直到现在，我仍然爱看《聊斋志异》与俗气的巴黎时装报告，便是为了这种有吸引力的字眼。

张爱玲提到自己的古怪，但字里行间都充盈着浓浓的自恋，她无限忧伤地迷恋着自己的这些古怪和与众不同，而她更忧伤的还是自己的身世：

在学校里我得到自由发展。我的自信心日益坚强，直到我十六岁时，我母亲从法国回来，将她睽违多年的女儿研究了一下。

"我懊悔从前小心看护你的伤寒症，"她告诉我，"我宁愿看你死，不愿看你活着使你自己处处受痛苦。"

第三章 天才

我发现我不会削苹果，经过艰苦的努力我才学会补袜子。

我怕上理发店，怕见客，怕给裁缝试衣裳。许多人尝试过教我织绒线，可是没有一个成功。在一间房里住了两年，问我电铃在哪儿我还茫然。我天天乘黄包车上医院去打针，接连三个月，仍然不认识那条路。总而言之，在现实的社会里，我等于一个废物。

我母亲给我两年的时间学习适应环境。她教我煮饭；用肥皂粉洗衣；练习行路的姿势；看人的眼色；点灯后记得拉上窗帘；照镜子研究面部神态；如果没有幽默天才，千万别说笑话。

在待人接物的常识方面，我显露惊人的愚笨。我的两年计划是一个失败的试验。除了使我的思想失去均衡外，我母亲的沉痛警告没有给我任何的影响。

母亲对自己的失望，似乎是张爱玲生命中永远的伤痛，一直影响着她内心深处的情感，她没有安全感，幽怨中似乎又带着一种寻找，这种寻找是张爱玲这一辈子由外而内都在进行的。

生活的艺术，有一部分我不是不能领略。我懂得怎么看《七月巧云》，听苏格兰兵吹 bagpibe，享受微风中的藤椅，吃盐水花生，欣赏雨夜的霓虹灯，从双层公共汽车上伸出手摘树巅的绿叶。在没有人与人交接的场合，我充满了生命的欢悦。可是我一天不能克服这种咬啮性的小烦恼，生命是一袭华美的袍，爬满了蚤子。

最后一句话是经典之言,"生命是一袭华美的袍,爬满了蚤子",强调着人生之美背后不能承受之重。正如张爱玲所说的一样,她能领会生活当中一部分的艺术,在没有人与人交接的场合,她充满生命的欢悦,可一个简单的唯美主义者,毕竟是要被世俗困扰的。这种困扰是每一个人不能克服的咬啮性的小烦恼。

获奖通知书寄来时,同学蔡师昭边分信边念收件人的名字。张爱玲拿到信,见信是《西风》杂志的获奖通知,很是惊喜地和蔡师昭分享了快乐和荣誉,心里乐颠颠的,不仅有精神上的满足,更有面子上的满足。张爱玲在经济上不能与同学们站齐,这次获奖对她是一种尊严上的支撑。蔡师昭十分支持张爱玲,便当着同学们的面,大肆宣扬《西风》杂志的了不起,而张爱玲获得这个奖该是多么有才华。

张爱玲十分感激,尽管心里已经飞起来了,神情上却装得很淡然。

这篇文章因为字数规定,张爱玲删改了很多,本就有"千古文章未尽才"之憾。而此次征文有六百八十五名应征者,十三人获奖,十人有正式奖项,后面三人是因为好的文章太多,难以割舍,又增加了三名荣誉奖,张爱玲是荣誉奖中的最后一名。

蔡师昭后来问起张爱玲奖项如何,张爱玲只好尴尬地说了一句,"是个荣誉奖",蔡师昭也很尴尬,只好又问了一句,"怎么回事呢",便迅速离去。

这次征文出了集子,文集题目就是张爱玲的《天才梦》。张爱

第三章　天才

玲读了一等奖的文章《断了的琴弦——我的亡妻》，心中觉得一般，这篇文章还超过了规定字数。此时写作了《我的天才梦》的女孩颇为自己的天才之作愤愤不平，而几年后，这位愤愤不平的女孩终究没有被埋没，横空出世于上海文坛，成就了自己的天才梦。

四　乱世

1941年12月8日,太平洋战争爆发。

1942年12月,日军进攻香港。

时势造英雄。乱世出天才。乱世给予张爱玲的不仅仅是一些人生的经历,还有她对人生的深刻认识。

张爱玲在《烬余录》中说道:

我与香港之间已经隔了相当的距离了——几千里路,两年,新的事,新的人。战时香港所见所闻,唯其因为它对于我有切身的、剧烈的影响,当时我是无从说起的。现在呢,定下心来了,至少提到的时候不至于语无伦次。然而香港之战予我的印象几乎完全限于一些不相干的事。

我没有写历史的志愿,也没有资格评论史家应持何种态度,可

第三章　天才

是私下里总希望他们多说点不相干的话。现实这样东西是没有系统的，像七八个话匣子同时开唱，各唱各的，打成一片混沌。在那不可解的喧嚣中偶然也有清澄的，使人心酸眼亮的一刹那，听得出音乐的调子，但立刻又被重重黑暗上拥来，淹没了那点了解。画家、文人、作曲家将零星的、凑巧发现的和谐联系起来，造成艺术上的完整性。历史如果过于注重艺术上的完整性，便成为小说了。像威尔斯的《历史大纲》，所以不能跻于正史之列，便是因为它太合理化了一点，自始至终记述的是小我与大我的斗争。

清坚决绝的宇宙观，不论是政治上的还是哲学上的，总未免使人嫌烦。人生的所谓"生趣"全在那些不相干的事。

战争在张爱玲的眼里，是将人心拉入乱世，人性便直接赤裸地显露出来，不仅仅是周围的人，还有自己。

在《烬余录》中，张爱玲详细记录了周围同学的态度和反应：

在香港，我们初得到开战的消息的时候，宿舍里的一个女同学发起急来，道："怎么办呢？没有适当的衣服穿！"她是有钱的华侨，对于社交上的不同的场合需要不同的行头，从水上跳舞会到隆重的晚餐，都有充分的准备，但是她没想到打仗。后来她借到了一件宽大的黑色棉袍，对于头上营营飞绕的空军大约是没有多少吸引力的。逃难的时候，宿舍的学生"各自奔前程"。战后再度相会她已经剪短了头发，梳了男式的菲律宾头，那在香港是风行一时的，为了可以冒充男性。

战争期中各人不同的心理反应，确与衣服有关。譬如说，苏雷珈。苏雷珈是马来半岛一个偏僻小镇的西施，瘦小，棕黑皮肤，睡沉沉的眼睛与微微外露的白牙。像一般受过修道院教育的女孩子，她是天真得可耻。她选了医科，医科要解剖人体，被解剖的尸体穿衣服不穿？苏雷珈曾经顾虑到这一层，向人打听过。这笑话在学校里早出了名。

一个炸弹掉在我们宿舍的隔壁，舍监不得不督促大家避下山去。在急难中苏雷珈并没忘记把她最显焕的衣服整理起来，虽然许多有见识的人苦口婆心地劝阻，她还是在炮火下将那只累赘的大皮箱设法搬运下山。苏雷珈加入防御工作，在红十字会分所充当临时看护，穿着赤铜地绿寿字的织锦缎棉袍蹲在地上劈柴生火，虽觉可惜，也还是值得的。那一身伶俐的装束给了她空前的自信心，不然，她不会同那些男护士混得那么好。同他们一起吃苦，担风险，开玩笑，她渐渐惯了，话也多了，人也干练了。战争对于她是很难得的教育。

在这狂欢的气氛里，唯有乔纳生孤单单站着，充满了鄙夷和愤恨。乔纳生也是个华侨同学，曾经加入志愿军上阵打过仗。他大衣里只穿着一件翻领衬衫，脸色苍白，一绺头发垂在眉间，有三分像诗人拜伦，就可惜是重伤风。乔纳生知道九龙作战的情形。他最气的便是他们派两个大学生出壕沟去把一个英国兵抬进来——"我们两条命不抵他们一条。招兵的时候他们答应特别优待，让我们归我们自己的教授管辖，答应了全不算话！"他投笔从戎之际大约以为

第三章 天才

战争是基督教青年会所组织的九龙远足旅行。

张爱玲清醒地认识到:"至于我们大多数的学生,我们对于战争所抱的态度,可以打个譬喻,是像一个人走在硬板凳上打瞌盹,虽然不舒服,而且没结没完地抱怨着,到底还是睡着了。"看到这里,真是冷彻骨髓的寒,世事何尝不是如此,只是张爱玲她偏偏看得最透最冷。

我们聚集在宿舍的最下层,黑漆漆的箱子间里,只听见机关枪"忒啦啦拍拍"像荷叶上的雨。因为怕流弹,小大姐不敢走到窗户跟前迎着亮洗菜,所以我们的菜汤里满是蠕蠕的虫。

同学里只有炎樱胆大,冒死上城去看电影——看的是五彩卡通——回宿舍后又独自在楼上洗澡,流弹打碎了浴室的玻璃窗,她还在盆里从容地泼水唱歌,舍监听见歌声,大大地发怒了。她的不在乎仿佛是对众人的恐怖的一种讽嘲。

港大停止办公了,异乡的学生被迫离开宿舍,无家可归,不参加守城工作,就无法解决膳宿问题。我跟着一大批同学到防空总部去报名,报了名领了证章出来就遇着空袭。我们从电车上跳下来向人行道奔去,缩在门洞子里,心里也略有点怀疑我们是否尽了防空团员的责任。——究竟防空员的责任是什么,我还没来得及弄明白,仗已经打完了。——门洞子里挤满了人,有脑油气味的,棉墩墩的冬天的人。从人头上看出去,是明净的浅蓝的天。一辆空电车停在街心,电车外面,淡淡的太阳,电车里面,也是太阳——单只这电车便有一种原始的荒凉。

真正的荒凉是,这场战争夺去了她的老师弗朗士教授的生命。

我们得到了历史教授弗朗士被枪杀的消息——是他们自己人打死的。像其他的英国人一般,他被征入伍。那天他在黄昏后回到军营里去,大约是在思索着一些什么,没听见哨兵的吆喝,哨兵就放了枪。

……

可是他死了——最无名目的死。第一,算不了为国捐躯。即使是"光荣殉国",又怎样?他对于英国的殖民地政策没有多大同情,但也看得很随便,也许因为世界上的傻事不止那一件。每逢志愿兵操演,他总是拖长了声音通知我们:"下礼拜一不能同你们见面了,孩子们,我要去练武功。"想不到"练武功"竟送了他的命——一个好先生,一个好人。

弗朗士先生的死,好像将她身上仅存的一些温暖又缓缓抹去,这种温暖来自弗朗士对她的赏识和友好,自恋自怜的人总是特别在乎欣赏自己的对象,或者说是一种存在的依托。她深觉弗朗士先生的死是"人类的浪费"。

张爱玲于乱世之中觉宿命残忍,"房子可以毁掉,钱转眼可以

第三章 天才

称为废纸,人可以死,自己更是朝不保暮"。

围城中种种设施之糟与乱,已经有好些人说在我头里了。政府的冷藏室里,冷气管失修,堆积如山的牛肉,宁可眼看着它腐烂,不肯拿出来,做防御工作的人只分到米与黄豆,没有油,没有燃料。各处的防空机关只忙着争柴争米,设法喂养手下的人员,哪儿有闲工夫去照料炸弹?接连两天我什么都没吃,飘飘然去上工。当然,像我这样不尽职的人,受点委屈也是该当的。在炮火下我看完了《官场现形记》。小时候看过而没能领略它的好处,一直想再看一遍,一面看,一面担心能够不能够容我看完。字印得极小,光线又不充足,但是,一个炸弹下来,还要眼睛做什么呢?——"皮之不存,毛将焉附?"

乱世生心境,乱世更是生情缘。

围城的十八天里,谁都有那种清晨四点钟的难挨的感觉——寒噤的黎明,什么都是模糊,瑟缩,靠不住。回不了家,等回去了,也许家已经不存在了。像唐诗上的"凄凄去亲爱,泛泛入烟雾",可是那到底不像这里的无牵无挂的虚空与绝望。人们受不了这个,急于攀住一点踏实的东西,因而结婚了。

有一对男女到我们办公室里来向防空处长借汽车去领结婚证书。男的是医生,在平日也许并不是一个"善眉善眼"的人,但是他不时的望着他的新娘子,眼里只有近于悲哀的恋恋的神情。新娘是看护,矮小美丽,红颧骨,喜气洋洋,弄不到结婚礼服,只穿着一件淡绿绸夹袍,镶着墨绿花边。他们来了几次,一等等上几个钟头,默默对坐,对看,熬不住满脸的微笑,招得我们全笑了。实在应当谢谢他们给带来无端的快乐。

而在张爱玲的《倾城之恋》中,便是这样的乱世,用仅仅能够握住的男女情爱来抗拒无望和空虚。

在这动荡的世界里,钱财、地产、天长地久的一切,全不可靠了。靠得住的只有他腔子里的这口气,还有睡在他身边的这个女人。她突然爬到柳原身边,隔着他的棉被,拥抱着他。他从被窝里伸出手来握住她的手。他们把彼此看得透明透亮。仅仅是这一刹那的澈底的谅解,然而这一刹那够他们在一起和谐地生活个十年八年。

他不过是一个自私的男子,她不过是一个自私的女人。在这个兵荒马乱的时代,个人主义是无处容身的,可是总有地方容得下一对平凡的夫妻。

仗打完了,人们都欢喜得发疯。

乍一停,很有一点弄不惯,和平反而使人心乱,像喝醉酒似的。看见青天上的飞机,知道我们尽管仰着脸欣赏它而不至于有炸弹落

第三章 天才

在头上,单为这一点便觉得它很可爱,冬天的树,凄迷稀薄像淡黄的云;自来水管子里流出来的清水,电灯光,街头的热闹,这些又是我们的了。第一,时间又是我们的了——白云,黑夜,一年四季——人们暂时可以活下去了,怎不叫人欢喜得发疯呢?就是因为这种特殊的战后精神状态,一九二〇年在欧洲号称"发烧的一九二〇年"。(《烬余录》)

劫后余生,不过是对享乐更疯狂地追求。其实,人也真正奇怪,乱世难生,企图享乐;劫后余生,亦是享乐。生怕这辈子自己哪一点吃了亏,难怪人烦恼颇多。

张爱玲在战后的表现亦是如此,急切地寻找"吃":

我记得香港陷落后我们怎样满街的找寻冰淇淋和嘴唇膏。我们撞进每一家吃食店去问可有冰淇淋。只有一家答应说明天下午或许有,于是我们第二天步行十来里路去践约,吃到一盘昂贵的冰淇淋,里面吱格吱格全是冰屑子。街上摆满了摊子,卖胭脂,西药,罐头牛羊肉,抢来的西装,绒线衫,素丝窗帘,雕花玻璃器皿,整匹的呢绒。我们天天上城买东西,名为买,其实不过是看看而已。从那时候起我学会了怎样以买东西当作一件消遣。——无怪大多数的女人乐此不疲。

香港重新发现了"吃"的喜悦。真奇怪,一件最自然,最基本的功能,突然得到过份的注意,在情感的光强烈的照射下,竟变成了下流的，反常的。在战后的香港，街上每隔五步十步便蹲着个衣冠济楚的洋行职员模样的人，在小风炉上炸一种铁硬的小黄饼。香港城不比上海有作为，新的投机事业发展得极慢。许久许久，街上的吃食仍旧为小黄饼所垄断。

……

因为没有汽油，汽车行全改了吃食店，没有一家绸缎铺或药房不兼卖糕饼。香港从来没有这样馋嘴过。宿舍里的男女学生整天谈讲的无非是吃。（《烬余录》）

我不知道"立在摊头上吃滚油煎的萝卜饼，尺来远脚底下就躺着穷人的青紫的尸首"，这样的吃相和想法该是如何，我想这绝对不是"朱门酒肉臭，路有冻死骨"对比式的凄凉和悲哀。或许，我们从胡兰成《今生今世》中对张爱玲的评价，能够对她的性格有所理解："她从来不悲天悯人，不同情谁，慈悲布施她全无，她的世界是没有一个夸张的，亦没有一个委屈的。她非常自私，临事心狠手辣，她的自私是一个人在佳节良辰上了大场面，自己的存在分外分明。"

连张爱玲自己也说："我向来很少正义感。我不愿意看见什么，就有本事看不见。"

她是真的不同情任何人，战时，她在医院做看护，有一个病人因为得了奇臭的蚀烂症，在夜里一声接一声地叫唤："姑娘啊……姑娘啊……"张爱玲回忆的时候，说得极其决绝："我不理。我是一个没责任的，没良心的看护。我恨这个人，因为他在那里受磨难。"

第三章 天才

直到那个人把所有人都吵醒，他们看不过去，齐声大叫："姑娘。"张爱玲才冷冷地走出来，说了声："要什么？"病人说要水，张爱玲看透病人不过是因为疼痛和痛苦，通过叫唤引起关怀，依旧冷冰冰地说了声"厨房没有水了"，便走开，即使病人再叫，张爱玲也不再搭理。

过了几天，这个病人死了。张爱玲写道："这人死的那天，我们大家都欢欣鼓舞。是天快亮的时候，我们将他的后事交给有经验的职业看护，自己缩到厨房里去。我的同伴用椰子油烘了一炉小面包，味道颇像中国酒粮饼。鸡在叫，又是一个冻白的早晨。我们这些自私的人若无其事地活下去了。"

大概还是生活环境影响了张爱玲的性格，悲喜渐渐难入她的心思。也或许是因为自我的被孤立，渐觉难以融入他人，索性就自我隔绝下去了。

香港被日军占领，英国政府撤出了香港，港大停学，张爱玲和炎樱回到上海。港大三年，还未毕业，就断送了她当初想要借港大机会去英国留学的热梦。战争把她所有在港大学习的资料和记录一烧而光，一点痕迹都没有留下。

乱世的人，得过且过，没有真的家；而乱世的人，也是无处觅安稳的。张爱玲在《烬余录》中说得好：

时代的车轰轰地往前开。我们坐在车上，经过的也不过是几条熟悉的街衢，可是在漫天的火光中也惊心动魄。就可惜我们只顾忙着在一瞥即逝的店铺的橱窗里寻找我们自己的影子——我们只看见自己的脸,苍白,渺小;我们的自私与空虚,我们恬不知耻的愚蠢——谁都像我们一样,然而我们每个人都是孤独的。

天才,更是孤独而病态的。

第四章 成名

第四章 成名

一 问路

因为战事,香港求学必须停止了。

1942年春天,张爱玲回到了上海。

可回到上海,不等于就有了好的前程,更没有好的生活在等待着她。母亲不在国内,而父亲是早就断了关系的。张爱玲只能住在姑姑家里,尽管是乱世,姑姑家却可以给张爱玲一种恍如天长地久般的温暖。

上海赫德路1292号的爱丁顿公寓,其实也是姑姑租来的公寓。张茂渊自从和哥哥分了家之后,就一直住在外面,过着自食其力的生活,年近四十都还没有结婚,估计是和当下的婚姻观很难达成一致的关系,却也不愿妥协。

最开始,姑姑和父亲分家,也是得了很大一笔财产的,但是几经投资,逢着时局不稳,货币贬值,钱财都是有去无回了,遗产也就所剩无几。之后便是战争,姑姑在怡和洋行的工作直接受到影响,经济也愈加不景气,终于被洋行辞退了。等张爱玲回来之时,姑姑已经到大光明戏院做翻译工作。姑姑的工资仅够自己日常使用,无法担负张爱玲的开销。

当时张爱玲很想读上海的圣约翰大学,很奇怪的是,张爱玲在参加圣约翰大学考试的时候,国文竟然不及格,需要参加当时学校的补习班。炎樱先是进的英国学校,因其品学兼优人缘好,后来又转进了圣约翰大学,读到毕业。

其实,当时最重要的原因,还是张爱玲没有钱。

一文钱难倒英雄汉,更不要说小女子。张爱玲面对的依旧是要么靠工作解决生计,要么靠嫁人解决生计。

张爱玲开始写稿子赚钱,小文章是最好写的。张爱玲发挥自己英文好的特点,最初把自己的文章投给英文月刊《二十世纪》。这份杂志主要是时事报道、小品、风光旅游、书评影评之类,主要阅读对象是西方人,张爱玲的文章颇能满足西方人对东方世界的好奇。张爱玲在月刊上发表的第一篇文章是《中国人的生活和时装》,她还亲自绘制十二幅发型及服饰插图,这篇文章有八页长,近万字。主编克劳斯·梅涅特很欣赏她,读了她的文章后称赞她是"如此有前途的青年天才"。

受到了梅涅特的鼓励,张爱玲一发不可收,连续在该刊发表了九篇文章,主要是一些影评,这些影评后来被收入了《流言》,在电影研究上都还有参考价值。但是这些文章对张爱玲来说,简直就

第四章 成名

是信手拈来，随心所欲而就，评的电影有《梅娘曲》《桃李争春》《万世流芳》《新生》《渔家女》……

张爱玲喜欢写稿挣钱，她自己在《童言无忌》中也说：

苦虽苦一点，我喜欢我的职业。"学成文武艺，卖与帝王家。"从前的文人是靠着统治阶级吃饭的，现在情形略有不同，我很高兴我的衣食父母不是"帝王家"，而是买杂志的大众。不是拍大众马屁的话——大众实在是最可爱的顾主，不那么反复无常，"天威莫测"；不搭架子，真心待人，为了你的一点好处会记得你到五年十年之久。而且大众是抽象的。如果必须要一个主人的话，当然情愿要一个抽象的。

虽说钱可以自己挣一些，但是转读圣约翰大学，还是需要很大一笔学费。姑姑传来话，这笔钱可以由她的父亲支付。因为当初父亲和母亲离婚的时候，供养张爱玲读书就是父亲的责任，而张爱玲在港大读书的时候，所有的学费都是由母亲黄逸梵供给的。现在，张爱玲回到上海，这笔读书的钱，理所当然由张志沂出。只是毕竟父女之情断了这么久，现在见面再提及学费，出于自尊，张爱玲很难开口。

自从姐姐和母亲在一起之后，弟弟一直和父亲、后母住在一起。弟弟也赞成姑姑的意见，希望父亲能够出姐姐的学费。弟弟在和后母、父亲一起住的时候，逐渐熟悉了相处的方法。弟弟趁后母不在的时候，偷偷去和父亲说了张爱玲的情况。父亲听了，沉默了一会儿后说："叫她来吧。"

父女之间四年前的隔阂还没有消除，只是这血脉关系里始终有着牵连。

张爱玲再一次来到父亲家中时，父亲的家也是今不如昔，犹如百足之虫，尽管死而不僵，却也到了血枯精消的程度。别墅已经成了一栋小洋房，房子的里里外外无不显露出一幅衰败之象。

张爱玲板着脸见父亲，父亲的脸上亦无笑意，还在为当年她的背叛耿耿于怀。他一向喜欢女儿比较多，可是他从来没有赢得女儿的支持。

张爱玲呆板地说出自己学费的要求，之后再无多言，透露出这次来的目的不过就是为了学费。

后母孙用蕃一直躲在楼上，不曾下来。张爱玲也没有问，不问继母，不提生母。

相比起张爱玲的决绝，张志沂毕竟要宽容一些，他很客气地问了学费需要多少钱，叫她先去报名和考试，学费会叫弟弟送过去。

张志沂许了学费，张爱玲便立即离开，想必是她还没有忘记当年父亲扬言要打死她，起身走时都没有一句话告别。

弟弟张子静回忆说："那是姐姐最后一次走进家门，也是最后一次离开。此后她和我父亲就再也没有见过面。"亲情的伤害往往是很难修复的，因为有期待。

炎樱和张爱玲终于可以在圣约翰大学再续情谊，炎樱的家境一

第四章 成名

直比较富裕,这个时候炎樱的父亲又在南京西路开了一家珠宝店,炎樱常常约张爱玲一起逛街,寻找美食。这样自由、散漫、惬意的生活,于张爱玲却是很难了。心境可以有,可就张爱玲的经济条件来说,实现比较难。

厚着脸皮去找父亲要了圣约翰大学的学费,可生活费依旧是难题,更何况她知道父亲的经济情况也是一日不如一日的。她曾在小说《怨女》中提到清末富贵家庭的最后境况:"到底清朝亡了国了,说得上家仇国恨,托庇在外国租界上,二十年来内地老不太平,亲戚们见了面就抱怨田上的钱来不了,做生意外行,蚀不起,又不像做官一本万利,总觉得不值得。政界当然不行,成了投降资本,败坏家声……守着两个死钱过日子,只有出没有进。"而父亲除了守着几个死钱过日子,很像张爱玲《倾城之恋》里白流苏的父亲:"一个有名的赌徒,为了赌而倾家荡产,第一个领着他们往破落户的路上走。"

张爱玲在圣约翰大学的时光,似乎并不是她要的时光,心境不一样,教授也不一样,最重要的是,因为没有钱,她没有办法再去读闲书。

当弟弟再次见到她的时候,她已经辍学了。姐姐辍学的消息,张子静还是从炎樱那里知道的。这次张子静在姑姑那里见到张爱玲,没有劝说姐姐再去找父亲解决问题。其实,父亲的生活还不如姑姑,姑姑是自食其力,而父亲是坐食山空。而张爱玲求了一次父亲,她是决计不会再去求第二次的,她一直对父亲有一种刻骨铭心的怨气,

她的世俗与高贵：张爱玲传

父亲的形象后来在她的笔下都是抽鸦片、赌博的，性格上都是无用、没落、粗暴的。后来张志沂也只能靠一些报纸文章来了解张爱玲，不知每次读到女儿小说中这样的父亲形象，心中会作何感想，这或许也是文人孤傲伤人伤己的一面。

张子静问姐姐今后打算，张爱玲只是摇头，她实在是还没有想好要去做什么。本来是打算以求学为人生目的，成为一个可以掌控人生的人，过着像姑姑、像母亲一样的生活，但如今不仅是没有钱，还因为圣约翰大学教师教学的古板和教条，根本无法和港大的教学相比，张爱玲觉得听课还不如到图书馆去窝着读书受到的启发大。

"姐姐有没有想过去教书呢？"张子静提出了一个建议。

张爱玲依旧是笑着摇摇头。

"你英文好、国文好，为什么不行？"张子静有些着急，在弟弟眼中，博学多才的人最适合做教师不过了。

张爱玲清楚自己的表达能力，她觉得自己可以把很多东西写出来，但是不一定能够口头表达出来，她一直认为写作不过是伺候抽象的观众，而讲课就是要面对真正的听众，她是向来不善于和人直言交往的。

"这种事情我做不来。"她说。

她知道自己的孤傲不群。

她做得来什么呢？只有写稿。

有了《二十世纪》《泰晤士报》的顺利投稿经历，她淡淡地说："我替报馆写稿好了。这阵子我写稿也赚了些钱。"

第四章　成名

她不过淡淡一语，可是她的作品却为中国现当代文学史照亮了一片绯红，久久都不能褪去。

1942年，张爱玲开始涉足文坛，乱世的中国，沦陷的上海，升起了这颗耀眼的文学明星。

二 投石

才华是张爱玲的石头,清脆一声丢出去,叮叮咚咚地敲响了当时的文坛,之后便是锣鼓喧天的热闹辉煌。

属于张爱玲的时代到了。

张爱玲第一次向编辑先生"进攻"是九岁。在《流言》1945年版中收有她的第一封投稿信的手迹:"记者先生:我今年九岁,因为英文不够,所以还没有进学堂。现在先在家里补英文,明年大约可以考四年级了。前天我看见编辑室的启事,我想起我在杭州的日记来,所以寄给你看看,不知你可嫌它太长了不?我常常喜欢画画子,可是不像你们报上那天登的孙中山的儿子那一流的画子,是娃娃古装的人。喜欢填颜色,你如果要我就寄给你看看。祝你快乐。"

张爱玲小心翼翼满怀希望地写下这些投稿的信件,可惜几次都是石沉大海,毫无消息。想必那个时候这封充满稚气的信,是无法

第四章 成名

引起编辑的兴趣的,大抵是当作小孩的玩笑。十几年后张爱玲红遍上海,那时《新闻报》的副刊编辑会不会想起那个虽稚气却充满希望一次次踮起脚尖投稿的小女孩呢?

当年的编辑错过了成为伯乐的机会,张爱玲真正的伯乐是周瘦鹃。

1942年中的一个春日,张爱玲携带着一封岳渊老人的信,敲响了周瘦鹃的家门。因为岳渊老人与母亲的私交,张爱玲揣着此信,权当进入周家的敲门砖。

"画蝴蝶于罗裙,认鸳鸯于坠瓦"的周瘦鹃,是鸳鸯蝴蝶派"五虎将"之一,其余四位是张恨水、包天笑、徐枕亚、李涵秋。

那天张爱玲穿着一件鹅黄缎半臂旗袍,迟疑着敲了门,接待她的是一位飞扬婉转的女子——周瘦鹃的女儿,蹦跳着迎张爱玲进了父亲的书房。

书房中,书盈满架,书案上点着一支盈盈缭绕的紫罗兰香。一男子衣袍飘冉,看了岳渊的介绍信后转过身来,他就是"哀情巨子"周瘦鹃。周瘦鹃是惜花人、懂花人,他的室院中应季种着各种各样的花,春日之玉兰、夏日之芙蕖、秋日之兰桂、冬日之腊梅。

周瘦鹃却是首先介绍自己的女儿,指着刚才的娇俏女子,对张爱玲说:"这是我的女儿,叫作瑛。"

张爱玲顿时有了一些亲切感,因为自己的小名就被唤作"瑛"。

张爱玲谦虚地向周瘦鹃介绍自己,包括出生在北京,长在上海,在香港大学读书两年,遗憾的是再过一年就可毕业,不料战事原因,只有回到上海，投靠姑姑，现在和姑姑合住在静安寺附近的一幢公寓里。

张爱玲还套着近乎对周瘦鹃说："我母亲和姑姑都是十多年前《半月》《紫罗兰》《紫罗花片》的读者。当时，母亲正留学法国归国，读了您的哀情小说，流了不少眼泪，还写信劝您不要再写了。"

为不给姑姑增加经济负担，张爱玲说自己现在主要靠写作为生，不过主要是写"洋文"，曾给英文《泰晤士报》写剧评影评，只不过偶尔写中文作品，中文作品《天才梦》在《西风》杂志上发表过。张爱玲顿了顿，终于把此次来意表明：最近写了两个中篇小说，记述香港的故事，特意带来请周老前辈审阅赐教。

这两篇叙述香港的故事就是《沉香屑：第一炉香》《沉香屑：第二炉香》。周瘦鹃看了题目，只说等自己拜读后，让张爱玲一周之后再来。

这次交流，两人谈了一个多小时。

当天晚上，周瘦鹃坐书桌前，阅读张爱玲的两篇小说，这一读，好像着魔了一样，就再也放不下了。

一星期后，张爱玲再来，周瘦鹃直言了对张爱玲作品的欣赏。当周瘦鹃问张爱玲是否爱读《红楼梦》和毛姆的作品之时，张爱玲坦言：诚如先生所言，自己正是萨默塞特·毛姆的拥趸，平时也喜欢读《红楼梦》，因此自己写文章时，可能不自觉地模仿了两者的表达技巧。

周瘦鹃问："《紫罗兰》即将复刊，你是否愿意将这两篇小说

第四章 成名

发表在这本杂志上？"

张爱玲连连点头同意。

周瘦鹃说："待杂志出版后，我会送样本到你家去看你的。"

张爱玲回去后，估计是和姑姑交流过，决定择日请周瘦鹃夫妇去家里参加茶会，来表达对周瘦鹃的感谢。当天晚上，张爱玲又赶到周家，向周瘦鹃发出邀请。

《紫罗兰》杂志第一期出版后，周瘦鹃果然带着杂志亲自拜访了张爱玲，去静安寺赫德路（今常德路）爱丁顿公寓张爱玲家做客。他来到了一间精致干净的小会客室。

"茶是牛酪红茶，点心是甜咸俱备的西点，十分精美，就连茶杯和点碟都十分精美。"这是周瘦鹃对那次会请的原话。

尽管是闲聊，可张爱玲不善应酬，并不多话。谈话间，张爱玲主动拿出一份《二十世纪》杂志，里面刊登着她的《中国的生活与服装》一文，并说文中所有妇女新旧服装的插图，均是自己画的。这番展示，叫周瘦鹃都有些自愧不如。

此番请客应是姑姑张茂渊一力促成的，尽管那个时候张爱玲还没有出名，可是心里也并不怎么在意，估计是想着自己有才华，总会遇见伯乐。

三十多年后，张爱玲定居美国，撰写自传体小说《小团圆》，在小说中影射了周瘦鹃，当初的知遇之恩早已不复存在。"汤孤鹜大概还像他当年，瘦长，穿长袍，清瘦的脸，不过头秃了，戴着个薄黑壳子假发。"文中的汤孤鹜应是周瘦鹃无疑。

她的世俗与高贵：张爱玲传

张爱玲和周瘦鹃的矛盾还是在小说的发表上。张爱玲和周瘦鹃在发表《沉香屑·第二炉香》上意见存在分歧。周瘦鹃决定出于杂志的商业利益考虑，将《沉香屑·第二炉香》分三期刊出。张爱玲表示反对，要求一期登完。周瘦鹃没有答应。张爱玲一气之下，便和周瘦鹃绝交了。

不管如何，周瘦鹃是第一个将张爱玲推向文坛的人。一个月后，《紫罗兰》第二期出版，张爱玲的《沉香屑·第一炉香》全文发表。在卷首，周瘦鹃亲自撰文《写在紫罗兰前头》为张爱玲作介绍："请读者共同来欣赏张女士一种特殊情调的作品，而对于当年香港所谓高等华人的那种骄奢淫逸的生活，也可得到一个深刻的印象。"

《沉香屑：第一炉香》很快就"烧"到了一定的温度，《紫罗兰》从第三期开始，又陆续推出了《沉香屑：第二炉香》。

"两炉香"，周瘦鹃在《紫罗兰》上从5月一直点到8月，"烧"热了张爱玲这个名字，张爱玲在上海蹿红了！

《万象》主编柯灵也注意到这位后起之秀。柯灵是以编剧本和写杂文出名的新文学作家，也是著名的编辑。他先后编过《文汇报》副刊《世纪风》、《正言报》副刊《草原》、《大美晚报》副刊《浅草》等。在孤岛时期，他与志同道合的朋友创办《鲁迅风》旬刊。上海沦陷后，《鲁迅风》的原班人马虽说大多留在上海，然而苦于时事，都是各奔前程，不再以笔为戈，抨击时事。可柯灵仍想在沦陷区保住一块新文学的干净地。

带着这样的理想，1943年夏天，柯灵受聘于《万象》，之后《万

第四章 成名

象》有了很大的变化,师陀、唐弢、郑定文、王元化、傅雷等人都为其撰稿。柯灵一日偶阅《紫罗兰》,"奇迹似的发现了"《沉香屑:第一炉香》。

和主动去见周瘦鹃一样,张爱玲同样是主动去见的柯灵。这次不需要介绍信和敲门砖,因为柯灵同样想见到张爱玲。

这次张爱玲穿的是丝质碎花旗袍,颜色清浅,这样的穿着显得温婉恭谦。伴随着张爱玲在柯灵面前不期而至的,还有她肋下夹的那篇新小说《心经》。这篇小说描绘的是父女恋,里面附的插图又是张爱玲自己画的。

柯灵还没有读小说,仅仅是见到张爱玲就已经喜出望外了。对于自己初遇张爱玲的情形,在他的散文《遥寄张爱玲》中有叙述:

我最初接触张爱玲的作品和她本人,是一个非常严峻的时代。1943年,珍珠港事变已经过去一年多,离第二次世界大战结束和中国抗战胜利还有两年。上海那时是日本军事占领下的沦陷区。当年夏季,我受聘接编商业性杂志《万象》,正在寻求作家的支持,偶尔翻阅《紫罗兰》杂志,奇迹似的发现了《沉香屑——第一炉香》。张爱玲是谁呢?我怎么能够找到她,请她写稿呢?紫罗兰庵主人周瘦鹃,我是认识的,我踌躇再四,总感到不便请他做青鸟使。

正在无计可施,张爱玲却出乎意外地出现了。出版《万象》的中央书店,在福州路画锦里附近的一个小弄堂里,一座双开间石库门住宅,楼下是店堂,《万象》编辑室设在楼上厢房里,隔着一道门,就是老板平襟亚夫妇的卧室。好在编辑室里除了我,就只有一位助手杨幼生(即洪荒),不致扰乱东家的安静。旧上海的文化,相当一部分就是这类屋檐下产生的。而我就在这间家庭式的厢房里,荣幸地接见了这位初露锋芒的女作家。

那大概是7月里的一天,张爱玲穿着丝质碎花旗袍,色泽淡雅,也就是当时上海小姐普通的装束;胁下夹着一个报纸包,说有一篇稿子要我看看,那就是随后发表在《万象》上的小说《心经》,还附有她手绘的插图。会见和谈话很简短,却很愉快。谈的什么,已很难回忆,但我当时的心情,至今清清楚楚,那就是喜出望外。虽然是初见,我对她并不陌生,我诚恳地希望她经常为《万象》写稿。

柯灵以诚恳的语气请张爱玲长期给《万象》写稿。于是,在《万象》上就有了张爱玲的《琉璃瓦》《连环套》。

在不到一年的时间里,张爱玲又陆续发表了《倾城之恋》《封锁》《红玫瑰与白玫瑰》《花雕》《心经》等,其中成名作《倾城之恋》《金锁记》《红玫瑰与白玫瑰》发表在《杂志》上。能登上《杂志》应该是张爱玲的骄傲,也是对张爱玲文学作品的肯定。《杂志》表面上隶属于《新中国报》,实质上却是以纯文学的道路来要求作品的。当时的《杂志》汇聚了一系列有才华有实力的作者,张爱玲在《杂志》的推举下,犹如一颗明星,发出越来越耀眼的光芒。

尽管《杂志》的文学性和号召力很强,但是它的背后是日本人。当时《新中国报》的负责人袁殊、鲁风等,其实是中共地下情报人员,

第四章 成名

他们为了获取情报，依靠报刊来掩护。《新中国报》的内容自然是亲日的，《杂志》隶属于《新中国报》，很多内容也是给日伪文化活动撑场面。

《杂志》的背景这样"硬"，是《万象》《紫罗兰》不能比的，并且《杂志》舍得为张爱玲腾出版面，不遗余力地捧张爱玲，每期都以张爱玲的小说为重头戏，胡兰成的《评张爱玲》也是分两期登在这里。

张爱玲素来不喜政治，可是《杂志》的风格和对待她的态度，和她的"出名要趁早"是一致的。尽管后来《万象》《杂志》每期都有张爱玲的小说，但是现在来看，还是《杂志》上张爱玲的稿件要厚重些。《紫罗兰》发表的是张爱玲的《沉香屑》，可是她真正的成名作是发表在《杂志》上的《倾城之恋》。后来因为《杂志》的关系，张爱玲还不得不出席一些与日本有关的社交活动。

张爱玲的迅速蹿红，引起了柯灵的担忧。大概是因为柯灵真正地爱惜着张爱玲的才华，他的爱惜比起周瘦鹃的惊奇更要温暖一些。

张爱玲在写作上很快登上灿烂的高峰，同时转眼间红遍上海。这使我一则以喜，一则以忧。因为环境特殊，清浊难分，很犯不着在万牲园里跳交际舞——那时卖力地为她鼓掌拉场子的，就很有些背景不干不净的报章杂志，兴趣不在文学而在于替自己撑场面。

上海沦陷后，文学界还有少数可尊敬的前辈滞留隐居，他们大都欣喜地发现了张爱玲，而张爱玲本人自然无从察觉这一点。郑振

她的世俗与高贵：张爱玲传

铎隐姓埋名，典衣节食，正肆力于抢购祖国典籍，用个人有限的力量，挽救"史流他邦，文归海外"的大劫。他要我劝说张爱玲，不要到处发表作品，并具体建议，她写了文章，可以交给开明书店保存，由开明付给稿费，等河清海晏再印行。那时开明编辑方面的负责人叶圣陶已举家西迁重庆，夏丏尊和章锡琛老板留守上海，店里延揽了一批文化界耆宿，名为编辑，实际在那里韬光养晦，躲雨避风。王统照、王伯祥、周予同、周振甫、徐调孚、顾均正诸位，就都是的。

可是我对张爱玲不便交浅言深，过于冒昧。也是事有凑巧，不久我接到她的来信，据说平襟亚愿意给她出一本小说集，承她信赖，向我征询意见。上海出版界过去有一种"一折八扣"书，专门翻印古籍和通俗小说之类，质量低劣，只是靠低价倾销取胜，中央书店即以此起家。我顺水推舟，给张爱玲寄了一份店里的书目，供她参阅，说明如果是我，宁愿婉谢垂青。我恳切陈词，以她的才华，不愁不见之于世，希望她静待时机，不要急于求成。她的回信很坦率，说她的主张是"趁热打铁"。她第一部创作随即诞生了，那就是《传奇》初版本，出版者是"杂志"社。我有点暗自失悔，早知如此，倒不如成全了中央书店。（柯灵《遥寄张爱玲》）

这段文字就是在表达对张爱玲因为"出名要趁早"而给诸多杂志报刊投稿的担忧。

也是因为爱才，傅雷读了张爱玲的《金锁记》后赞不绝口，肯定《金锁记》是"我们文坛最美的收获之一"；可是读了后来刊登

第四章 成名

的《连环套》，便对张爱玲的作品大加批评，并以"讯雨"的笔名在《万象》上发表了一篇《论张爱玲的小说》。柯灵说，这是老一辈作家关心张爱玲明白无误的证据，一褒一贬，从两个不同的站头出发，目标是同一终点——热情期待更大的成就。

那个时候的张爱玲心高气傲，而出名又来得那么猛烈，难以接受傅雷的意见。柯灵后来回忆说："现在经过迢迢四十年，张爱玲本人也对《连环套》提出了比傅雷远为苛刻的批评。"傅雷批评张爱玲的文章一经在《万象》刊出，《连环套》就被"腰斩"，以后张爱玲也不再在《万象》出现。

尽管不再给《万象》供稿，张爱玲和柯灵依旧保持着很好的交往。她把小说《倾城之恋》改编为舞台剧本，首先就要柯灵提意见，柯灵提出了很多修改意见，张爱玲都接受了，并且一遍一遍地修改。柯灵还为张爱玲的剧本在大中剧团上演奔走，介绍剧团主持人周剑云和张爱玲在餐馆见面。

见面的时候，柯灵也感受到了张爱玲惊世骇俗的勇气：那天她穿着一袭拟古式齐膝的夹袄，超级的宽身大袖，水红绸子，用特别宽的黑缎镶边，右襟下有一朵舒卷的云头——也许是如意。长袍短套，罩在旗袍外面。《流言》里附刊的相片之一，就是这种款式，相片题词："有一天我们的文明，不论是升华还是浮华，都要成为过去。然而现在还是清如水明如镜的秋天，我应当是快乐的。"

柯灵后来回忆说，当时张爱玲给周剑云留下了深刻的印象："周剑云战前是明星影片公司三巨头之一，交际场上见多识广，那天态度也显得有些拘谨,张爱玲显赫的文名和外表,大概给了他深刻的印象。"

在柯灵的帮助下,这台戏后来在新光大戏院上演了,导演是当年上海"四大导演"之一的朱端钧,名重一时的演员罗兰饰流苏,舒适饰范柳原。为了答谢,张爱玲送给柯灵一段宝蓝色的绸袍料。柯灵拿来做了皮袍面子,穿在身上。

张爱玲是一个不愿表露感情的人,哪怕是对朋友的好。她对柯灵的帮助,柯灵后来还是在胡兰成的文章里读到的。

我有机会读到《今生今世》,发现其中有这样一段:"爱玲与外界少往来,惟一次有个朋友被日本宪兵队逮捕,爱玲因《倾城之恋》改编舞台剧上演,曾得他奔走,由我陪同去慰问过他家里,随后我还与日本宪兵说了,要他们可释放则释放。"

我这才知道,原来还有这样一回事。一时间我产生了难分难解的复杂情绪。在此以前,我刚好读过余光中针对胡兰成的人品与文品而发的《山河岁月话渔樵》。抗日战争是祖国生死存亡的关头,而胡兰成的言行,却达到了颠倒恩仇、混淆是非的极致,余光中对他严正的抨击,我有深切的共鸣。因为我个人的遭遇就提供了坚实的论据。但是对张爱玲的好心,我只有加倍的感激。(柯灵《遥寄张爱玲》)

第四章 成名

三 早名

出名要趁早。

张爱玲的《传奇》出版后仅四天就再版，张爱玲在再版序言中写道：

以前我一直这样想着：等我的书出版了，我要走到每一个报摊上去看看，我要用我最喜欢的蓝绿的封面给报摊子上开一扇夜蓝的小窗户，人们可以在窗口看月亮，看热闹。我要问报贩，装出不相干的样子："销路还好吧？——太贵了，这么贵，真还有人买吗？"呵，出名要趁早呀！来得太晚的话，快乐也不那么痛快。最初在校刊上登两篇文章，也是发疯似的高兴着，自己读了一遍又一遍，每一次都像是头一次见到。现在已经没那么容易兴奋了。所以更加要催：快，快，迟了来不及了，来不及了！

她的世俗与高贵：张爱玲传

张爱玲成名最关键的两年就是 1943 年到 1945 年，还好她"趁着早"出了名，否则后来的文学思潮没有一个适合她。柯灵说，张爱玲的成名犹如《倾城之恋》里的一段话："香港的陷落成全了她。但是在这不可理喻的世界里，谁知道什么是因，什么是果？谁知道呢？也许就因为要成全她，一个大都市倾覆了。成千上万的人死去，成千上万的人痛苦着，跟着是惊天动地的大改革……流苏并不觉得她在历史上的地位有什么微妙之点。"

上海成为沦陷区，却成就了张爱玲的才华。

柯灵不愧被张爱玲视为知己，他对她的评价是最中肯的：

我扳着指头算来算去，偌大的文坛，哪个阶段都安放不下一个张爱玲，上海沦陷，才给了她机会。日本侵略者和汪精卫政权把新文学传统一刀切断了，只要不反对他们，有点文学艺术粉饰太平，求之不得，给他们什么，当然是毫不计较的。天高皇帝远，这就给张爱玲提供了大显身手的舞台。抗战胜利以后，兵荒马乱，剑拔弩张，文学本身已经成为可有可无，更没有曹七巧、流苏一流人物的立足之地了。张爱玲的文学生涯，辉煌鼎盛的时期只有两年（1943—1945），是命中注定，千载一时，"过了这村，没有那店"。幸与不幸，难说得很。（柯灵《遥寄张爱玲》）

第五章 決恋

第五章 决恋

一 结缘

这场倾城之恋起源于一篇名叫《封锁》的小说。

当时苏青是《天地》的主编,因为想要胡兰成为其写稿,故而每期《天地》都要寄予他看。

胡兰成是旧式文人,自恃是文韬武略安邦定国之才,以修身治国平天下为己任。最开始他不过是一个穷教书先生,后来在汪精卫的提拔下,成为政府大员。汪精卫称他为"兰成先生",把他当成自己的"师爷""心腹"。

胡兰成觉得自己遇到"伯乐",要青云直上。胡兰成并非不知道日本人治下的傀儡政府并非是真的"新朝",可因为怀着踌躇满志的扬扬意气,他心里狂妄自负,宁愿做这样的官,并想着只要能够为汪精卫出谋划策,"新朝"并非遥不可及。他甚至因为一意孤行、自说自话,而肆意口诛笔伐。

可胡兰成毕竟是个文人,不是政客的对手,最后竟至于得罪汪精卫,被搁在一边。"失宠"后,胡兰成像个被抛弃的怨妇一样,越发写了一些与汪伪政府口径不一的文章,这些文章还被翻译成日文发表。这些行径大大惹恼了汪精卫,便将胡兰成投入大牢。这一下可吓坏了胡兰成,他以为此次命休矣,后来还是日本人出面施压,才保住小命,被放了出来。

出狱后,胡兰成在《天地》上看见了张爱玲的名字。

这次牢狱之灾,给予胡兰成的似乎是对人生无常的感悟,和面对美好的勇气。赋闲之时,《天地》是胡兰成消遣的杂志,而苏青也时常邀请胡兰成写稿,胡兰成对苏青也是颇为赏识的。

当胡兰成读到张爱玲的《封锁》时,本安躺于藤椅上,顿然立起,细细读完之后又读了一遍。读完之后,顿时生出奔走相告的热情,拉来画家朋友胡金人一起看。分享之后,还不满足,特意写信问苏青作者是谁,苏青回信笑道,作者是个年轻女孩子。

《封锁》是分两次登在《天地》上的,第二次同时登出了张爱玲的一张照片,胡兰成见之忘俗,倾心之极。

胡兰成在《今生今世》中写到初见张爱玲的感觉:"我只觉世上但凡有一句话,一件事,是关于张爱玲的,便皆成为好。及《天地》第二期寄到,又有张爱玲的一篇文章,这就是真的了。这期而且登有她的照片。见了好人或好事,会将信将疑,似乎要一回又一回证明其果然是这样的,所以我一回又一回傻里傻气的高兴,却不问问与我何干。"

第五章　决恋

此时的胡兰成已经有过两次婚姻了，原配夫人已经过去，第二任夫人也给他生了几个孩子。可胡兰成见到张爱玲照片时的傻气，却见本就滥情的人，每次对感情认真的时候，也显得颇为单纯。

1944年2月初，胡兰成一下火车就去苏青家询问张爱玲的住址。

苏青知道张爱玲不喜外人，可还是把地址给了胡兰成，只担忧地说了一句，张爱玲是不大见外人的。

胡兰成也笑了，他笑得颇为自信和暧昧，不以为然，他想，凭自己的才情总会打动二十三岁的张爱玲。

谁知初到张爱玲家门口，着人通报后，张爱玲竟是真的不见，胡兰成只好在门外远远地惆怅地望着。

初次就受挫，胡兰成实在怅然，毕竟是不甘心，写了张纸条，从门缝中塞进去后才离开。

意外的是，第二天张爱玲就打来电话，说要亲自来见他。张爱玲的突然来见，大概是因为胡兰成去信问苏青张爱玲的状况，流露出的赞美洋溢之词被苏青转告了。张爱玲是孤独之人，这种孤独之中还隐含着很多的失意，被胡兰成赏识，颇满足了她的自尊心。

说来就来了，张爱玲大驾光临大西路美丽园，胡兰成喜出望外。

胡兰成第一次看见张爱玲便觉全然不对。大概是《天地》上的照片，张爱玲低低的眼神，过于冷艳却又悲悯，可初次见面，胡兰成发现她和照片中的人物完全不符，只是一副幼稚可怜之相。胡兰成觉得这副幼稚相是个女学生，却连女学生的成熟亦无。

胡兰成料想着她大概是生活贫寒，心想战争期间的文化人原来这样清苦，可是再看张爱玲那副胆怯的样子，竟一点不觉得她是个作家。

张爱玲一向就说自己不喜和陌生人接触，此时的胡兰成就是一个真正的陌生人，而两人又挨得这么近，她觉得暧昧，却又难于应付。她异常窘迫，胡兰成也觉得客厅的气氛不对。

张爱玲的确不算美人，她的祖母、母亲都是美人，她却偏偏没有那样可以凭借容貌打动人的命运。也正是出于这样的原因，张爱玲每次在照相的时候，都要花很长时间化妆。因此，胡兰成见到张爱玲真人的时候，难免觉得很失望。

张爱玲向来咄咄逼人，在公开场合又受到追捧，完全不需要她应付。而此时，她见到胡兰成的眼神，竟一时怯场，不知说什么话，只是沉默。

胡兰成见到张爱玲这样，竟也心疼起来，生怕伤害了她，开始滔滔不绝地填塞冷场。张爱玲只是听，并说自己习惯于当听众。胡兰成在《今生今世》中这样描绘她，读起来当真是爱意浓浓：

张爱玲的顶天立地，世界都要起六种震动。是我的客厅今天变得不合适了。她原极讲究衣裳，但她是个新来到世上的人，世人各种身份有各种值钱的衣料，而对于她则世上的东西都还没有品级。她又像十七八岁正在成长中，身体与衣裳彼此叛逆。她的神情，是小女孩放学回家，路上一人独行，肚里在想什么心事，遇见小同学

第五章　决恋

叫她，她亦不理，她脸上的那种正经样子。

她的亦不是生命力强，亦不是魅惑力，但我觉得面前都是她的人。我连不以为她是美的，竟是并不喜欢她，还只怕伤害她。美是个观念，必定如何如何，连对于美的喜欢亦有定型的感情，必定如何如何，张爱玲却把我的这些全打翻了。我常时以为很懂得了什么叫惊艳，遇到真事，却艳亦不是那艳法，惊亦不是那惊法。

"我常时以为很懂得了什么叫惊艳，遇到真事，却艳亦不是那艳法，惊亦不是那惊法。"胡兰成的这句话，足够张爱玲对彼此的爱情回味一生了。

估计是张爱玲的冷傲——不太爱说话、不怎么说话的人，给人的感觉总是冷傲，也估计是张爱玲的才华，惹得胡兰成心中生出了许多妒忌，他便私下想着要和张爱玲赌斗。他对张爱玲侃侃而谈，向她批评今时流行作品，突然又将话题转向她，说她的文章好在哪里之后又将话题收回来，开始讲自己在南京的事情。

张爱玲只是听，胡兰成觉得"在她面前，我才如此分明的有了我自己"。

依旧是想和张爱玲斗法，胡兰成转而失礼地问张爱玲每月的写稿收入，张爱玲亦是很老实地回答。

这初次的见面，一谈就是五个小时，胡兰成觉得自己糊涂可笑，亦觉得张爱玲也是一般的糊涂可笑。两人顿觉如知音般相见恨晚。

大抵胡兰成觉得这通谈话，已经对张爱玲有些撩拨，只是撩拨得不够,因着张爱玲的沉默和冷峻叫胡兰成摸不着底。等到张爱玲离开,胡兰成送她至弄堂口的时候,两人并着肩,胡兰成望着张爱玲,说:"你的身材这样高,这怎么可以?"

张爱玲听得一惊,眉宇间有些许被冒犯的反感,大概心里是很受用的。

胡兰成暗自得意,只觉得自己只这一声就把两人说得这样近,看出张爱玲很诧异,知道她几乎要起反感了,但他感觉真的非常好。

胡兰成真真是情场高手,懂得撩拨女人的情思。张爱玲小说的诸多男主人公,如范柳原、姜季泽都是这样性格的。女人或许多喜欢对自己勇一些的男人,又或许女人多喜欢懂风情的男人。

胡兰成乘胜追击,第二天又早早地去看张爱玲。

胡兰成一进张爱玲的房间,便犹如进了一片新的天地,却又华贵得使他不安。这里的华贵不是真的很值钱,家具简单,给人的新鲜明亮带着一种刺激。阳台外是全上海在天际云影的日色,底下有电车当当来去,给人一种无价的幻觉。

胡兰成看见"张爱玲今天穿宝蓝绸袄裤,戴了嫩黄边框的眼镜,越显得脸儿像月亮。三国时东京最繁华,刘备到孙夫人房里竟然胆怯,张爱玲房里亦像这样的有兵气"。

胡兰成说自己胆怯,因为张爱玲房间的兵气。因着胡兰成的自卑,他觉得大概刘备见孙尚香的时候也是这样自卑的,一是年龄,二是品位,三是境界。

胡兰成在张爱玲的房里亦一坐坐得很久,他只管讲理论,为着

第五章 决恋

在写小说的人面前显示出自己的深刻,怕着理论久了显得无聊,他一时又讲自己的生平。

而张爱玲亦只管听。

胡兰成自己说:"男欢女悦,一种似舞,一种似斗,而中国旧式床栏上雕刻的男女偶舞,那蛮横泼辣,亦有如薛仁贵与代战公主在两军阵前相遇,舞亦似斗。民歌里又有男女相难,说书又爱听苏小妹三难新郎,王安石与苏东坡是政敌,民间却说成王安石相公就黄州菊花及峡中茶水这两件博识上折服了苏学士,两人的交情倒是非常活泼,比政敌好得多了。我向来与人也不比,也不斗,如今见了张爱玲却要比斗起来。"

胡兰成和张爱玲斗起来,其实颇为有趣。

胡兰成比张爱玲文艺,而冷峻与现实向来是张爱玲的风格。不管罗曼蒂克有多甜美,张爱玲依旧可以给甜蜜一剂清醒的苦药。

所以胡兰成使尽武器,自觉不敢张爱玲素手。胡兰成故意提起张爱玲的祖父张佩纶与李鸿章的小姐配婚姻,并赞其是有名的佳话,大抵也是为了映射自己对张爱玲的爱慕,他毕竟比张爱玲大十几岁。

只是胡兰成一说起,张爱玲却并不配合胡兰成制造的这种浪漫,把她祖母的那首诗抄给胡兰成看,说自己祖母并不怎样会作诗,这一首亦是她祖父改作的。

胡兰成听得心惊肉跳,心下佩服:她这样破坏佳话,所以写得好小说。

苦药固苦,爱情予人的也并不全是甜蜜。

张爱玲提及，听闻胡兰成在南京下狱，竟也动了怜才之念，帮助胡兰成从牢狱脱身。张爱玲对胡兰成的帮助，是因着先前苏青转告张爱玲，胡兰成对她如何欣赏。张爱玲的"义气"，既是为情，也是为着帮衬自己。文人都是遇见知己，便觉珍贵和难得的。

胡兰成听了张爱玲的这一番话，心里只觉得她幼稚可笑，怎会因为一种别人的夸赞，素未谋面，就为之奔走的，她又不懂政治。他觉得诧异，却又从心底生出一份感激。

胡兰成说："我没有去比拟张佩纶当年，因为现前一刻值千金，草草的连感动与比拟都没有工夫。"

胡兰成自是不能比拟张佩纶，可他早就将《孽海花》的细节套到自己的身上。他想起张佩纶当年发配热河，一介囚徒归来，却得到李鸿章的掌上明珠青睐。而此时，三十八岁的胡兰成也是刚刚出狱，落难之际，已届中年，也有妻小，张佩纶的妻子当时已经过世，而他的发妻也已亡故。他觉得自己下狱，同样是因为"直言不讳"，真有些像"清流党"张佩纶一样因"言官"身份而倒了霉。

好像才子佳人的故事再次上演一样，胡兰成也执迷于此。除了张爱玲的才情和自己的一厢情愿自比张佩纶，胡兰成还很喜欢张爱玲的贵族身份。他出身寒门，即便后来依附汪精卫，依然对自己的门第有些介意。张爱玲从不提自己出身名门，经常提的倒是胡兰成，胡兰成时常夸耀张爱玲的门第，在很多场合便要抬出张爱玲的贵族身份来镇人，颇为得意。

那日分手后，胡兰成回到家中，便给张爱玲写了第一封信。

第五章 决恋

这封信写得有似五四时期的新诗,来博才女的好感,将苏小妹三难新郎一类的佳话在信中卖弄,写毕胡亦自感得意。后来想起信里的火热表达,胡兰成也自觉难为情。

胡兰成在信中说张爱玲谦虚,本是为着张爱玲骨子里的孤傲找托词。张爱玲却对这句话颇为受用,说胡兰成道着了她。

她回信说:因为懂得,所以慈悲。

胡兰成见这八个字,便觉得神清气爽——张爱玲已经被他寻着了。从此,胡兰成便每隔一天去看张爱玲。

胡兰成看过张爱玲三四回后,有天张爱玲突然很烦恼,露出凄凉的神色。胡兰成即刻懂得张爱玲已经爱上自己了,他说女子爱了人后,是会有这种委屈的。

后来,张爱玲给胡兰成送来一张纸条,叫他不要再去看她。

胡兰成看了纸条之后很高兴,不但没有听话,反而马上又去看张爱玲。他如此写道:"但我不觉得世上会有什么事冲犯,当日仍又去看她,而她见了我亦仍又欢喜。以后索性变得天天都去看她了。"

胡兰成曾对张爱玲说起登在《天地》上的那张相片。第二天,张爱玲便取出给胡兰成,背后还写有字,这句话后来成了讲述爱情的名句——见了他,她变得很低很低,低到尘埃里,但她心里是欢喜的,从尘埃里开出花来。

胡兰成在《今生今世》中说:"她这送照相,好像吴季札赠剑,依我自己的例来推测,那徐君亦不过是爱悦,却未必有要的意思。张爱玲是知道我喜爱,你既喜爱,我就给了你,我把照相给你,我亦是欢喜的。而我亦只端然地接受，没有神魂颠倒。各种感情与思想可以只是一个好，这好字的境界是还在感情与思念之先，但有意义，而不是什么的意义，且连喜怒哀乐都还没有名字。"

张爱玲这一次是意乱情迷了。她觉得胡兰成这样一个年近不惑的政论家，又是在政坛上极为有名的人，肯为自己写出幼稚笨拙的信，已为不易。信中又称张爱玲"谦逊"，被张爱玲视为知己。张爱玲对人一向冷漠孤傲，人人都说她难相处，更没有谁会道她谦逊。张爱玲却自认为自己是谦虚的，至少她内心有敬畏和虔诚，冷傲和玩世不恭不过是外在的掩饰。所以，当她对胡兰成说出"因为懂得，所以慈悲"的时候，已经油然而生知己之意了。"懂得"之人，在这世上能有几个，能遇见一次已是难得了。更何况，张爱玲一向视知己为人生珍贵。

张爱玲从不提写条子叫胡兰成不要再来，到送照片写出"低到尘埃"的话语。可见这个以前恩怨分明、杀伐决断之人，这次已经是深陷其中，难以断绝。只是这胡兰成在张爱玲的节节败退下，却并不和她谈长远打算，也不涉及具体问题，他本脱略自喜，不愿负责任，也无心为别人设身处地。

"见了他，她变得很低很低，低到尘埃里，但她心里是欢喜的，从尘埃里开出花来。"一向示人以矜持的张爱玲，何曾在他人面前如此谦卑。她已经完全沦陷了，这张照片就是张爱玲对胡兰成的定情之物了。

尽管张爱玲的笔下尽是痴男怨女的婚恋版本，可是张爱玲自己

第五章 决恋

并没有恋爱的经历，由于性格孤僻，她极少和男人打交道，第一次和胡兰成见面是因为听闻胡对自己的赞赏，内心本就有好感。而胡兰成在遇见张爱玲之前，已经有了两次婚姻，这两次婚姻都是家长之命、媒妁之言。两人的倾心交谈，令文人之间的欣赏和爱慕相互滋生，双方都觉得这次恋情"倾国倾城"。

完全以相识的惊喜为契机，终究难以抵挡现实的命数。张爱玲并非不懂得这样的道理，只是她心底依旧相信自己的眼光。

张爱玲对这段偶然的情缘，如同大多女子一样，只顾着今日的良辰美景，她写着："现在还是清如水明如镜的秋天，我应当是快乐的。"

张爱玲还曾对友人谈到爱情："一个人在恋爱时最能表现出天性中崇高的品质。这就是为什么爱情小说永远受人欢迎——不论古今中外都一样。"（林以亮《张爱玲语录》）

毕竟是张爱玲，一向果敢勇为，敢爱敢恨，一旦决定，便以飞扬轻快的喜悦，不管不顾地陷入爱情的浩劫。

她这一边是不管不顾，全盘托出；而胡兰成是不闻不问，一概接收。好到一定境界，似乎只有两人知道，何况乎也只有两人知道。胡兰成的感觉是真实的，和张爱玲相处，说白了，还真的就纯粹是精神的享受。

胡兰成去南京，张爱玲来信。胡兰成觉得这信像石头，有分量，却丝毫扯不起他的责任感。没有责任感的爱情不知是怎样一种爱情，剔除了责任感，只是享受爱情的甜美，是否会更轻松呢？

胡兰成觉得和张爱玲的爱情，即便不见，也不必相思，内心只管被爱情充盈着，不由自主地要哼出歌声来。

所以，每次胡兰成回上海，不回家里，当时他还有妻室应英娣。他只是每次都去看张爱玲，踏进房门就说"我回来了"。

这一回来，一谈往往要到黄昏尽，胡兰成才从张爱玲处出来，可是一走即又想到她。从张爱玲处出来到别处，见到朋友夫妇一起打牌时，只在牌桌便看了一回，就觉坐立不安，心里想到张爱玲，便想哼歌，觉得自己可笑到电灯都在嘲笑他。

胡兰成用这句话来形容两个人的好：男的废了耕，女的废了织。

他此时才真正感慨道：旧戏里申贵升可以无年无月地伴在志贞尼姑庵里，连没有想到蜜月旅月，看来竟是真的。

胡兰成时常一个月里回上海一次，一住就八九天，晨出夜归只看张爱玲，两人伴在房里，连同道出去游玩都不想，亦且没有工夫。

张爱玲和胡兰成说话也是极欢喜的，她说：攀条摘香花，言是欢气息。

只有张爱玲才能说出这样的话，于胡兰成而言，他完全是在享受。

胡兰成说："爱玲的说话行事与我如冰炭，每每当下我不以为然，连她给我看她的绘画，亦与我所预期的完全不对。但是不必等到后来识得了才欢喜佩服，便是起初不识，连欢喜佩服亦尚未形成，心里倒是带有多少叛逆的那种诧异，亦就非常好。而我就只凭这样辛辣而又糊涂的好感觉，对于不识的东西亦一概承认，她问我喜欢

第五章 决恋

她的绘画么，只得答说是的，爱玲听了很高兴，还告诉她的姑姑。"

张爱玲的爱情信奉亦是慕强，爱一个男人的前提是必须要崇拜他。也许是因着这样的崇拜，张爱玲自低身份，将胡兰成架上了一个高度有些下不来。不知道这样的表白，算不算得上是胡的甘拜下风。他比张爱玲虚长多岁，出名又比张爱玲早，而且张爱玲也怜惜他的才华，所以他处处时时对张爱玲怀着一种别样的清高；可当把清高放下来，去真正认清张爱玲的好时，他又不得不认输，只得一个劲地夸赞，毕竟他在境界上不如她，他渐渐也就明白了。

胡兰成自恃是受过思想训练的人，可是在理论上也常常输给爱玲。张爱玲对于文章总有一种特殊的眼光，这种眼光是胡兰成学不来的，也是别人学不来的。胡兰成给张爱玲看自己的论文："她却说这样体系严密，不如解散的好，亦果然把来解散了，驱使万物如军队，原来不如让万物解甲归田，一路有言笑。我且又被名词术语禁制住，有钱有势我不怕，但对公定的学术界权威我胆怯。一次我竟敢说出《红楼梦》《西游记》胜过托尔斯泰的《战争与和平》，或歌德的《浮士德》，爱玲却平然答道，当然是《红楼梦》《西游记》好。"

两人眼里都只看到对方的好。

胡兰成还举出《子夜歌》："一夜就郎宿，通宵语不息。黄蘗万里路，道苦真无极。"胡兰成说自己和张爱玲不一样，他们是一点都不苦的，他和张爱玲却是"桐花万里路，连朝语不息"的欢愉，只顾男欢女爱，欢爱得两个人都觉得吃力。

胡兰成说他只好离开,好让张爱玲可以写作,每次小别,亦无离愁。胡兰成无不幸福地说:"只说银河是泪水,原来银河轻浅却是形容喜悦。"

二 醉梦

胡兰成喜看张爱玲，入迷张爱玲。

爱情的最高享受便是迷到醉生梦死。

张爱玲说自己爱钱喜欢享受物质，胡兰成亦欣赏。

胡兰成欣赏张爱玲对生活的习性。他甚至欣赏张爱玲喜欢闻油漆与汽油的气味。张爱玲所爱的一切都是浓烈的，她喝浓茶，像老人一样喜吃油腻熟烂之物，胡兰成都熟记于心。并且胡兰成极其欣赏张爱玲对饭食的态度，他说张爱玲极少买东西，饭菜上头却不吝啬，每天必吃点心，说她把自己调养得像只红嘴绿鹦哥。包括张爱玲第一次得了稿费，马上拿去买口红这件事情，胡兰成听后都印象颇为深刻，在《今生今世》中以一种喜滋滋的欣赏态度来提到。

胡兰成觉得张爱玲是莲花身。这个莲花身叫张爱玲想到了哪吒一怒，剜肉还母，剔骨还父。张爱玲的感受反差如此大，是源自她不喜自己的父母,而于世俗之中的张爱玲在胡兰成眼中却是别样的冰清玉洁。

这种冰清玉洁的感慨来源于张爱玲爱看小报,看看就罢了,精彩在于张爱玲的点评,许多恶浊装腔的句子她一边笑骂,一边还是看。张爱玲时时妙语连珠,显得小报上的妙语往往亦成可怜语,一点不得爱玲的同情。张爱玲将小报中所看的内容,转述给胡兰成听时,便有一种别样的味道。胡兰成觉得她这样的开心也好笑亦好。无论张爱玲在看什么,她仍只是她自己,不至与书中人同哀乐,清洁到好像不染红尘,所以从这样一件小事中,在胡兰成眼里,张爱玲就是莲花身。

张爱玲对世俗是亦冷亦热,竟不知后来怎就对胡兰成一腔热血。张爱玲看《聊斋》里的香玉,那男人对着绛雪道:"香玉吾爱妻,绛雪吾腻友也。"爱玲很不喜。又胡兰成与爱玲闲话所识的几个文化人,爱玲一照眼就看出那人又不干净,又不聪明。胡兰成每听张爱玲说,不禁将人比己,多少要心惊。胡兰成心惊是应该的,因为他就是一个"香玉吾爱妻,绛雪吾腻友也"的人。

张爱玲说她爱刺激的颜色。赵匡胤形容旭日:"欲出不出光辣挞,千山万山如火发。"张爱玲说的刺激是像这样辣挞的光辉颜色。她看《金瓶梅》,宋蕙莲的衣裙她都留心到,于是胡兰成故意问她看到秽亵的地方是否觉得刺激,张爱玲说没有。

胡兰成却说:"她竟没有。"不知这一句中的"竟"是何意。大概张爱玲的回答也真是遂了胡兰成对她莲花身的定义吧。

第五章 决恋

胡兰成说:"连对于好的东西,爱玲亦不沾身。她写的文章,许多新派女子读了,刻意想要学她笔下的人物都及不得,但爱玲自己其实并不喜爱这样的人物。"胡兰成是极了解张爱玲的,正是因为这样,张爱玲才会爱上胡兰成。

胡兰成还说:"爱玲可以与《金瓶梅》里的潘金莲、李瓶儿也知心,但是绝不同情她们,与《红楼梦》里的林黛玉、薛宝钗、凤姐晴雯袭人,乃至赵姨娘等亦知心,但是绝不想要拿她们中的谁来比自己。她对书中的或现时的男人亦如此。"

胡兰成眼中的张爱玲是陌上游春赏花,亦不落情缘的一个人。

胡兰成喜两人在房里,他自己说两人好像"照花前后镜,花面交相映",觉得自己与张爱玲是同住同修,同缘同相,同见同知。

胡兰成看张爱玲极艳又壮阔,石破天惊。张爱玲本就长得不漂亮,这样的美,也只有胡兰成才可以挖掘,并大肆赞扬。

胡兰成看张爱玲,觉得她完全是理性的,理性到如同数学。胡兰成在张爱玲的理想面前常常自惭形秽,心里想着:"它就只是这样的,不着理论逻辑,她的横绝四海,便像数学的理直,而她的艳亦像数学的无限。我却不准确的地方是夸张,准确的地方又贫薄不足,所以每要从她校正。"

胡兰成夸赞张爱玲说:"前人说夫妇如调琴瑟,我是从爱玲才得调弦正柱。"这样读起来,倒像是女性的张爱玲充满了男性的理性和教导,而男性的胡兰成此时却充满了女性的感性和膜拜。

胡兰成因知爱玲是九岁起学钢琴学到十五岁,心里便想要在音乐上和张爱玲有所交流,一时去香港,便买了贝多芬的唱片,一听却似不喜,但贝多芬被称为"乐圣",心里料想是自己不行,为着能够比得上张爱玲,便天天刻苦听,努力要使自己懂得它为止。听得得意之后,急忙赶去和张爱玲说,不料张爱玲却说自己本不喜钢琴。这一言就使胡兰成怅然若失,可随即又觉得有一块大石头落地了,爱人的可笑可爱之处便在于此。

胡兰成对音乐的知识颇为贫乏,自中学读书以来,即不屑京戏、绍兴戏、流行歌等,亦是经张爱玲指点,胡兰成才晓得它的好,而且还发现自己原来是欢喜它的。

所以,胡兰成说因为有张爱玲,"我是现在才有了自己"。

张爱玲酷喜现代西洋文学,不仅喜欢,而且读得也多。对于文学上的一些精髓,往往是张爱玲讲给胡兰成听。

张爱玲给胡兰成讲萧伯纳、赫克斯莱、桑茂忒芒及劳伦斯的作品,每讲完之后,总说"可是他们的好处到底有限制"。胡兰成觉得张爱玲这样说话,不仅一点没有嫌弃自己英语不好,反而因为如此好像尘渎了胡兰成倾听似的。

张爱玲一向喜欢西方现代作品,对西洋的古典作品没有兴致,莎士比亚、歌德、雨果她亦不爱,西洋凡隆重的东西她都不喜欢。张爱玲说西洋的壁画、交响曲、革命或世界大战,都使人觉得吃力,其实并不好。张爱玲喜爱的是现代西洋平民精神。托尔斯泰的《战争与和平》,胡兰成读了感动的地方张爱玲全不感动,她反是在没有故事的地方看出有几节描写得好。胡兰成在这里,又看出张

第五章 决恋

爱玲的理性,说张爱玲不会被哄了去陪人歌哭,因为她的感情清到即理性。

张爱玲是胡兰成眼中的临水照花人。

张爱玲爱读书。世人都以自己爱读书为聪明,张爱玲却只是读聪明书。胡兰成说,一个人诚了意未必即能聪明,却是"欲诚其意者,先致其知,致知在格物"。要聪明了然后能意诚,知尚在意之先,且不能以致知去格物,而是格物尚在致知之先,格物完全是一种天机。张爱玲是其人如天。

张爱玲的聪明真像水晶心肝玻璃人儿。

胡兰成以为在中国古书上头自己是可以向她逞能的,焉知亦是张爱玲强,自己比不过。两人并坐同看一本书,胡兰成说那书里的字句便像街上的行人,只和她打招呼。张爱玲比胡兰成读书读得进、读得透。读《诗经》,有一篇只念了开头两句,"倬彼云汉,昭回于天"。爱玲一惊,说:"啊!真真的是大旱年岁。"又《古诗十九首》念道:"燕赵有佳人,美者颜如玉。被服罗裳衣,当户理清曲。"她诧异道:"真是贞洁,那是妓女呀!"又同看《子夜歌》:"欢从何处来,端然有忧色。"她叹息道:"这端然真好,而她亦真是爱他!"胡兰成此时感叹道,平常看东西以为懂了,其实竟未懂得。

他们还读汉乐府,读到有个流荡在他县的人,逆旅主妇给他洗补衣裳,"夫婿从门来,斜倚西北眄"。胡兰成与张爱玲念到这里,她就笑起来道:"是上海话眼睛描发描发。"再看底下即"语卿且勿眄",张爱玲诧异道:"啊!这样困苦还能滑稽,怎么能够!"两人把它读完:"语卿且勿眄,水清石自见。石见何磊磊,远行不如归。"原来这末一句竟是对困苦亦能生气撒娇。胡兰成与张爱玲顿觉这种滑稽是非常洋气的糊涂。

　　胡兰成说他从来不见张爱玲买书,她房里亦不堆书。这不买书和不堆书,在胡兰成的眼里都是十分地好。他拿了《诗经》《乐府诗》和李义山诗来,她看过即刻归还。他从池田处借来日本的版画《浮世绘》及塞尚的画册,她看了喜欢,池田说那么给她吧,她却不要。她在文章里描写的几块衣料,胡兰成问她,她只在店里看了没有买得,胡兰成觉可惜,她却一点亦不觉得有遗憾。胡兰成说:"爱玲是像陌上桑里的秦罗敷,羽林郎里的胡姬,不论对方怎样的动人,她亦只是好意,而不用情。"这又是张爱玲天生的理性。

　　张爱玲在胡兰成的眼里是如此理性、独立,拥有着最美妙女性的所有个性,同时又独立、理性得不需要胡兰成丝毫的担忧和责任。

　　张爱玲对胡兰成这样百依百顺,即便是百依百顺,胡兰成知道张爱玲亦不因自己的缘故而改变她的主意。

　　胡兰成时常还发过一阵议论,随又想想不对,与她说:"照你自己的样子就好,请不要受我的影响。"

　　她笑道:"你放心,我不依的还是不依,虽然不依,但我还是爱听。"

　　胡兰成只有心里赞叹:她这个人呀,真真的像天道无亲。赞叹里充满了无限的爱意和宽厚。

第五章　决恋

张爱玲与胡兰成说赵飞燕,汉成帝说飞燕是"谦畏礼义人也",张爱玲回味"谦畏"两字说,这两字只给人觉得无限的喜悦,无限的美,女人真像丝棉蘸着胭脂,都渗开化开了,柔艳到如此,但又只是礼义的清嘉。

随即,张爱玲又说赵飞燕与宫女踏歌《赤凤来》,一阵风起,她想要飞去,忽然觉得非常悲哀。因着这缘故,胡兰成后来特地去重翻《飞燕外传》,原文并没有写得这样好,当时不过是爱玲自己有这样一种欲仙欲死,所见书亦是欲仙欲死。胡兰成想到那时内心情感充盈的张爱玲,觉得她比倚新妆的飞燕更美。

胡兰成说:爱玲真是锦心绣口。房里两人排排坐在沙发上,从姓胡姓张说起,她道:"姓崔好,我母亲姓黄亦好,《红楼梦》里有黄金莺,非常好的名字,而且写她与藕官在河边柳阴下编花篮儿,就更见这个名字好了。"她说姓胡好,胡兰成问姓张呢?她道:"张字没有颜色气味,亦还不算坏。牛僧孺有给刘禹锡的诗,是这样一个好人,却姓了牛,名字又叫僧孺,真要命。"胡兰成打趣便逗张爱玲说胡姓来自陇西,称安定胡,还说自己的上代也许是羌,羌与羯、氐、鲜卑等是"五胡"。爱玲便道:"羌好。羌字像只小山羊走路,头上两只角。"

真是相爱之时,眼中只看到对方的好。

张爱玲用手指抚胡兰成的眉毛,说:"你的眉毛。"抚到眼睛,说:"你的眼睛。"抚到嘴上,说:"你的嘴。你嘴角这里的涡我喜欢。"她便叫胡兰成"兰成",可胡兰成竟不知道如何答应。

胡兰成说自己总不当面叫她名字，与人是说张爱玲，她今要他叫来听听，他便十分无奈，只叫得一声"爱玲"，登时很狼狈，她也听了诧异，道："啊？"

胡兰成描绘此时感觉："对人如对花，虽日日相见，亦竟是新相知，何花娇欲语，你不禁想要叫她，但若当真叫了出来，又怕要惊动三世十方。"

这爱怕是真要惊动三世十方。

房里墙壁上一点斜阳，如梦如幻，两人像金箔银纸剪贴的人形。

胡兰成还说爱玲的书销路最多，稿费比别人高，不靠他养她。说起来到底是有些心虚。还说自己只给过她一点钱，她去做一件皮袄。虽说只给过一点钱，可是于张爱玲的感觉却不一样。张爱玲拿去自出心裁设计样式，做得很宽大，心里欢喜，还说因为世人都是丈夫给妻子钱用，她也要。

张爱玲曾说爱一个人若爱到给她零花钱的程度，这便是真正的爱。两人又去看崔承禧的舞，回来时下雨，从戏院门口讨得一辆黄包车，雨篷放下，张爱玲就像个孩子般倚靠在胡兰成身上。张爱玲穿的是雨衣，胡兰成抱着她只觉诸般不宜，好像抱着一个长大的孩子，却又觉得实景难忘。

不过，当时的时局叫人别样紧张，怕有朝一日，夫妻亦要大限来时各自飞。但胡兰成说："我必定逃得过，唯头两年里要改姓换名，将来与你虽隔了银河亦必定得见。"张爱玲道："那时你变姓名，可叫张牵，又或叫张招，天涯地角有我在牵你招你。"

第五章　决恋

　　一个理性至极的人，其实内心也抵挡不住脆弱。胡兰成说：看她的文章，只觉她什么都晓得，其实她却世事经历得很少，但是这个时代的一切自会来与她有交涉，好像"花来衫里，影落池中"。

　　一日清晨，胡兰成与张爱玲步行同去美丽园，大西路上树影车声，商店行人，爱玲心里喜悦，与胡兰成说："现代的东西纵有千般不是，它到底是我们的，于我们亲。"这句话真是道出了张爱玲的本质，她于乱世也不过就是在寻找一个值得亲值得信的人。

　　两人的情感实属是能够瞧见对方的好。张爱玲在人生中遇见一个视她如神明的男子，自然是难以舍弃。在张爱玲以前的生活中，她从未遇见一个真正懂得她的男人。以前接触的男性中，如她的父亲、舅舅不过是泡在烟炕上吞云吐雾自以为是却一无是处的烟鬼，如她弟弟不过是性格懦弱、无甚志气的纨绔子弟。

　　虽说童年得到母亲和姑姑的照顾，可是母亲后来毕竟为了自己的生活弃她不顾，她视姑姑为知己，可是和姑姑之间的感情也是有隔阂，特别是和姑姑经济上的分开。张爱玲这一辈子，既在寻找家，也在寻找爱。

　　所以一个懂得她的人是很容易走近她的。

　　胡兰成曾说与张爱玲的情爱就是男女相悦，由此他读到《子夜歌》里称这种男女相悦为"欢"，后觉得实在比称"爱人"好。

　　张爱玲是真的喜欢胡兰成，两人坐在房里说话，她只顾孜孜地看他，不胜之喜，说道："你怎这样聪明，上海话是敲敲头顶，脚底板亦会响。"后来胡兰成亡命雁荡山时，读到古人有一句话"君子如响"，不觉地笑了。

情爱的这种好，既让张爱玲觉得不真实，也让她兀自欢喜得诧异，甚至问胡兰成："你的人是真的么？你和我这样在一起是真的么？"每次这样问，都必须要胡兰成回答，胡兰成有些时候反而觉得氛围很僵。

张爱玲忍不住说出了旧小说里"欲仙欲死"的句子，胡兰成听后一惊，连声赞道好句子，问她出在哪一部旧小说，她亦奇怪，说"这是常见的呀"。后来胡兰成明白其实却是张爱玲每每欢喜得欲仙欲死，糊涂到竟以为早有这样的现成语。

胡兰成风流成性，可是对于张爱玲，那时也是欢喜到心里去了，渐渐地为她神魂颠倒。他甚至愿意陪张爱玲去静安寺街上买菜。他视与张爱玲的缘分为佳话。

张爱玲穿一件桃红单旗袍，胡兰成夸赞好看，张爱玲说："桃红颜色闻得见香气。"

胡兰成爱张爱玲穿一双鞋头鞋帮绣有双凤的绣花鞋子，每次胡兰成从南京回来，张爱玲总是穿上。

晚饭后，两人靠得很近，在灯下脸对脸地看着，她的脸好像一朵开得满满的花，又像一轮圆得满满的月亮。胡兰成抚着她的脸说："你的脸好大，像平原缅邈，山河浩荡。"她笑着揶揄说："像平原是大而平坦，这样的脸好不怕人。"

她对他说《水浒》里宋江见玄女，他央她念，她念道："天然妙目，正大仙容。"胡兰成对她说："你就是正大仙容。"

第五章　决恋

胡兰成想要形容张爱玲行坐走路，总口齿维艰，张爱玲就替他说道："《金瓶梅》里写孟玉楼，行走时香风细细，坐下时淹然百媚……"胡兰成觉得"淹然"二字真真的好，却又说不出如何好，只好叫张爱玲说来听听，张爱玲道："有人虽见怎样的好东西亦滴水不漏，有人却像丝绵蘸着了胭脂，即刻渗开得一塌糊涂。"

胡兰成又问自己在她心中是如何，张爱玲媚然答道："你像一只小鹿在溪里吃水。"

张爱玲喜欢在房门外悄悄窥看胡兰成，并写下文字："他一人坐在沙发上，房里有金粉金沙深埋的宁静，外面风雨琳琅，漫山遍野都是今天。"

胡兰成在《今生今世》中说："可是天下人要像我这样欢喜她，我亦没有见过。谁曾与张爱玲晤面说话，我都当它是件大事，想听听他们说她的人如何生得美，但他们竟连惯会的评头品足亦无。她的文章人人爱，好像看灯市，这亦不能不算是一种广大到相忘的知音，但我觉得他们总不起劲。我与他们一样面对着人世的美好，可是只有我惊动，要闻鸡起舞。"

杂志上说张爱玲的一支笔千娇百媚，可惜意识不准确。南京政府的一位教育部长对胡兰成说："张小姐于西洋文学有这样深的修养，年纪轻轻可真是难得。但她想做主席夫人，可真是不好说了！"胡兰成都对之又气恼又好笑。

胡兰成维护张爱玲，为她争辩，关于意识的批评且不去谈它，但主席夫人的话，则她文章里原写的是她在大马路外滩看见警察打一个男孩,心想做了主席夫人就可拔刀相助,但这一念到底亦不好体系化地发展下去云云,如此明白,怎会不懂?而且他们说她文采欲流,说她难得,胡兰成见这文字马上反问道:"但是他们为什么不也像我的欢喜她到了心里去?"

第五章 决恋

三 结婚

张爱玲向来是一个爱憎分明的人。胡兰成说："爱玲从来不牵愁惹恨，要就是大哭一场。"

胡兰成说她文章里惯会描画恻恻轻怨、脉脉情思、静静泪痕，她本人却宁像晴天落白雨。

这样一个没有离愁的人，对于胡兰成却是千般离愁万般恨。张爱玲对胡兰成说："你说没有离愁，我想我也是的，可是上回你去南京，我竟要感伤了。"但她到底也不是个会缠绵悱恻的人。她给胡兰成去信说："我想过，你将来就只是我这里来来去去亦可以。"她是想到婚姻上头，不知如何是好，但也就不再去多想了。

胡兰成曾问过张爱玲对结婚的想法，她说她没有怎样去想这个问题。张爱玲说她且亦不想会与何人恋爱，连追求她的人好像亦没有过，又说可能也有过追求她的人，大约她亦不喜欢，总之现在尚早，等到要结婚的时候就结婚，亦不挑三挑四。胡兰成感慨：有志气的男人对于结婚不结婚都可以慷慨，而她是女子，却亦能如此。不过，在我看来，更觉得张爱玲在说这段话时言不由衷。

提到张爱玲对自己的感情，胡兰成是相当有自信的。他说张爱玲只是想不到会遇见我，并提及就算是自己已有妻室，张爱玲也并不在意。还说："再或我有许多女友，乃至携妓游玩，她亦不会吃醋。她倒是愿意世上的女子都欢喜我。而她与我即使不常在一起，相隔亦只如我一人在房里，而她则去厨下取茶。"

胡兰成提及两人在一起的感觉，说道："我们两人在的地方，他人只有一半到得去的，还有一半到不去的。"

胡兰成一再提及："我与爱玲只是这样，亦已人世有似山不厌高，海不厌深，高山大海几乎不可以是儿女私情。我们两人都少曾想到要结婚。但英娣竟与我离异，我们才亦结婚了。"

胡兰成一再提及的是"英娣竟与我离异"，这个"竟"字表明胡兰成是相当不愿意离婚的。

张爱玲表面上不强求婚姻，大概是受到母亲痛苦婚姻和姑姑独身主义的影响。可张爱玲不强求婚姻，不代表她不渴求婚姻，她在《倾城之恋》中明白提出："没有婚姻的保障而要长期抓住一个男人，是一件艰难的，痛苦的事，几乎是不可能的。"

而张爱玲遇见胡兰成之后，就只把胡兰成视为丈夫，只是她所看重并非是婚姻本身，更多看重的还是感情。所以，对于胡兰成的妻室，她一开始即知道，却从不问起。

第五章 决恋

张爱玲对婚姻不强求，胡兰成也乐得在南京的妻子英娣和上海的张爱玲之间来来往往。胡兰成觉得不胜惬意，张爱玲感情此时正炽烈隐忍不发，在南京的妻子英娣却最终不能忍受。英娣不能忍受的原因，是觉得张爱玲没有自己漂亮，而胡兰成竟然会看得上她。所以，胡兰成在《今生今世》中说，英娣竟然要提出和他离婚。在他眼里，好像哪个女人都是舍不得离开他的。

胡兰成与张爱玲恋爱时，家中已经有两位妻妾，一个是续弦全慧文，与胡兰成生了几个孩子，除了最大的一个孩子是亡妻生的，底下几个都是全慧文生的。后来全慧文得了神经病，居住在上海。还有一个就是英娣，就是因为长得漂亮，胡兰成才娶了她。

胡兰成风流，本来他就设想内有妻室，外有娇娘，还可以随时携妓出游，谁料与张爱玲的情缘引得英娣大为不满。胡兰成当年娶英娣就是想要娶一个漂亮的，谁知有了英娣竟还喜欢上了不如她漂亮的张爱玲。

可此时胡兰成正为张爱玲沉迷不已。他立即同意了英娣的离婚，送了英娣一笔钱，又买了一辆卡车帮英娣做生意，心里觉得也算是对得起她了。

1944年8月，胡兰成在报刊上刊出了与全慧文、英娣离婚的消息。

胡兰成说："连英娣与我离异的那天，我到爱玲处有泪，爱玲亦不同情。"

大约张爱玲不是不同情，而是骨子里的一种轻视，却受窘于此时对胡兰成爱情的包裹。

是年胡兰成三十八岁,张爱玲二十三岁。胡兰成顾到日后时局变动不致连累张爱玲,没有举行仪式,只写婚书为定,文曰:

胡兰成张爱玲签订终身,结为夫妇,愿使岁月静好,现世安稳。

上两句是张爱玲撰的,后两句胡兰成撰,旁写炎樱为媒证。

胡兰成说:我们虽结了婚,亦仍像是没有结过婚。我不肯使她的生活有一点因我之故而改变。两人怎样亦做不像夫妻的样子,却依然一个是金童,一个是玉女。

两人不像夫妻,却有实实在在的夫妻之情,时局动荡,大难临头各自飞的感慨却是越逼越近。

夏天一个傍晚,两人在阳台眺望红尘霭霭的上海,西边天上余辉未尽,有一道云隙处清森遥远。胡兰成与张爱玲说时局要翻,来日大难,张爱玲听了很震动。汉乐府有:"来日大难,口燥唇干,今日相乐,皆当喜欢。"她道:"这口燥唇干好像是你对他们说了又说,他们总还不懂,叫我真是心疼你。"又道:"你这个人嗄,我恨不得把你包包起,像个香袋儿,密密的针线缝缝好,放在衣箱里藏藏好。"不但是为相守,亦是为疼惜不已。

随即张爱玲进房里给胡兰成倒茶,她拿茶出来走到房门边,胡兰成迎上去接茶,她腰身一侧,喜气洋洋地看着胡兰成的脸,眼睛里都是笑。胡兰成一下子惊住了说:"啊,你这一下姿势真是艳!"

第五章　决恋

她道:"你是人家有好处容易你感激,但难得你满足。"

"你是人家有好处容易你感激,但难得你满足。"这句话既是无心的,又是相当真实率性的,也是道破了胡兰成心机的,可从此句话中看出张爱玲与胡兰成此后的命运。即便是说得真切看得透彻,可此时张爱玲心中只有爱悦,等胡兰成吃完茶,又收杯进去,心里还是喜之不尽。

婚纸上的"现世安稳"与现实的时局动荡,如此地矛盾和隔离。爱情期求的永恒不变和现实的苍凉难握之间,这一纸婚书是否显得太过单薄?

喜孜孜的心,莫名变幻的人。

四 苦竹

情爱是欢,厮守却苦。

一次,张爱玲向胡兰成提起《非烟传》中的女子与人私通,被严酷拷打,打得快死了,可是那女子仍不后悔,只是说:"生得相亲,死亦无恨。"胡兰成感叹道:"非烟这样的刚烈,真要做到是很难的。"张爱玲立即反驳道:"当然是这样,而且只可以是这样。"并且说话的语气极其决绝。胡兰成当下说不出话来。

胡兰成知道了她真是一个柔艳刚强的女人,也知道张爱玲对于他,也只是爱,为爱可以舍生忘死。

冷艳理性如张爱玲,真正到了自己的爱面前,也只有把这份自己看来独一无二的感情攥在手里,才觉得实在和安稳,她一直在追求那种"欲仙欲死"的感情,并且沉迷其中。

第五章 决恋

更或许是时局的崩溃，叫张爱玲越发地缺乏安全感，甚至对于自己这份感情也有了预感。她在1945年4月发表的《我看苏青》一文中说："我，一个人坐着，守着蜡烛，想到从前，想到现在，近两年来孜孜忙着的，是不是也是注定了要被打翻的……我应当有数的。"

即便如此，眼下新婚，恩爱正浓，她宁愿沉浸其中。

而胡兰成从来没有忘记他的"新朝"和他想要追求的光明前途。1944年，日本人大势已去，等待汪伪政权的必然是全国人民的唾弃。汪伪政权诸"要人"也在私下活动，想要在抗战力量面前表明心志。胡兰成也趁机发表了许多鼓吹日本人撤兵的文章，以一副"清流"姿态自居，同时又与日本军界一些反对东条英机、主张停战的官员过从甚密，希望以声势造成日本人撤兵，这样自己就可以全身而退，将功折罪。然而胡兰成的故作姿态，无人理会，仅仅被当成"牢骚"。

出于政治上的郁闷，也或许是与张爱玲在一起引发了对文学的兴趣，胡兰成办了一份偏重文艺性的杂志《苦竹》。胡兰成原本就有才华，此时失意难遣，便办一下文学刊物遣遣心怀。

张爱玲当然是要助他一臂之力的，《苦竹》一经刊出，上面就有她三篇作品——《自己的文章》《桂花蒸阿小悲秋》《谈音乐》，在她的小说、散文中当数上乘之作。她是把自己的用心之作留给了《苦竹》。

在相当长的时间里，张爱玲的小说都是由《杂志》包办的，张爱玲也总是将好稿先给《杂志》。可在《苦竹》面前，她私藏《桂花蒸阿小悲秋》，与刊登该小说的那期《苦竹》同时出版的《杂志》只得到一篇《殷宝滟送花楼会》，而这篇无甚精彩，算是应酬之作。由此见得，张爱玲是真心要为胡兰成谋划和操心的。后来，张爱玲还觉得自己的力量不够，又拉了炎樱来助阵，要求炎樱帮胡兰成画杂志封面。炎樱写得很好的文章，张爱玲帮着翻译。不言而喻，张爱玲为了胡兰成的《苦竹》真是用尽了心思。

当时张爱玲的弟弟张子静与几个同学筹办了一份题名为《飙》的刊物，已经约到了唐弢、董乐山、施济美等名家的稿子，此时张爱玲红得如日中天，几个同学便要求张子静去找张爱玲约稿。还没等弟弟说完，张爱玲当即就回绝了，极其不客气地说："你们办的这种不出名的刊物，我不能给你们写稿，免得败坏自己的名誉。"后来，大约觉得拒绝弟弟太过于果决，颜面上抹不开，就在桌子上找了一张她画的素描给他。

胡兰成毕竟心志不在文艺，而在政治。《苦竹》仅出了四期，而第三期已经没有张爱玲的文章了，因刊物的性质由文艺转向了时政。

第五章 决恋

五　情变

胡兰成去武汉之前，给张爱玲带了一大笔钱。在张爱玲的《小团圆》中提到：

初夏再来上海的时候，拎着个箱子到她这里来，她以为是从车站直接来的。大概信上不便说，他来了才告诉她他要到华中去办报，然后笑着把那只廉价的中号布纹合板手提箱拖了过来，放平了打开箱盖，一箱子钞票。她知道一定来自他办报的经费，也不看，一笑便关了箱盖，拖开立在室隅。连换几个币制，加上通货膨胀，她对币值完全没数，但是也知道尽管通货膨胀，这是一大笔钱。她把箱子拎去给楚娣看，笑道："邵之雍拿来给我还二婶的钱。"其实他并没有这样说，但是她这时候也没有想到。楚娣笑道："她倒是会弄钱。"

胡兰成在钱的方面对女人一向是阔绰大方，张爱玲虽说在经济上极其独立，可是真正对于胡兰成拿过来的钱，她也坦然收下，因为她说过，"能够爱一个人爱到问他拿零花钱的程度，那是严格的试验"。

11月，胡兰成到达武汉。

武汉日日饱受敌机轰炸，每拉警报，人们便四处逃躲。胡兰成总是夹在人群里逃过铁路线到郊外。一次正到达铁路线，路边炸成两个大穴，有尸体倒植在内，胡兰成先是不敢看，但是已经看见了。在人群跑步的啦啦声里，一架飞机就在头顶上俯冲下来，发出那样凄厉的声响，他直惊得被掣去了魂魄，只叫得凄凄一声"爱玲"。事后，胡兰成还感慨：旧小说里描写这样的境地，只叫得一声"苦也"，或"我命休矣"，真是这样的。

胡兰成最初到武汉，心里想的也还是张爱玲。

他先是在报社上班，与同僚都住在汉阳医院。医院里有六七个女护士，只是这个六七个女护士，显得土里土气，唯有一位周小姐，年轻貌美，天真浪漫。这位周小姐名叫周训德，是位见习护士，年方十七岁。胡兰成这帮风流文人，家室不在身边，每见这些小护士，免不了心生绮念。每日下了班，胡兰成就到病房在护士堆里说笑厮混，很快就将目标放到了周小姐的身上。他自恃是风月高手，像张爱玲那般高傲，他也可以将其很快变成自己的情人，更不要说青春单纯的小护士。他用了像张爱玲小说中范柳原、乔琪乔等追女人的伎俩，很快使周小姐陷入情网，最后委身于他。他的手段不过就是

第五章　决恋

先一番才子传奇佳话的自况与类比，以前用来形容张爱玲的一大堆礼赞之词，有一些如今也献到了小周的头上——这个也是自然，自己的文章嘛，写写都会重复，更不要说对女人的赞美。

小周得空时来他房中，他便教她读唐诗。他要小周送他照片，又让她题字，好像当初和张爱玲一样，故伎重演。小周题的便是胡兰成教她的隋乐府："春江水沈沈，上有双竹林。竹叶坏水色，郎亦坏人心。"他对这似嗔似喜之语，喜之不胜。想起当年张爱玲在才华上的令他惊艳，此时周小姐又是另一番的天真无邪。他仰慕张爱玲的"横绝四海"，又喜欢周小姐的本色天真。他觉得自己领略了人间各种美色，沉迷其中，不可自拔。

张爱玲曾经说过，因为懂得，所以慈悲。胡兰成大概把这话当成了对张爱玲的借口。他也自知在武汉和小周厮混是对不起爱玲，曾经"憬然思省"，"但是思省了一大通，仍是既不肯认错，又不能自圆其说"。最后终于又理直气壮地说：男女相悦婚配之事，乃天意当然也。既然是天命，那么天命难违，男欢女爱，他又那么惹人喜爱，有什么办法。

他央求小周嫁他，当年张爱玲是惊天动地的美，他不敢轻易求婚，大概是怕自己没有扶持这惊天动地的力量。而小周就不一样了，他觉得自己可以随意把控她，小周又那么天真纯洁，不比张爱玲的深刻独立，即便当年张爱玲也如小周一般崇拜他，可到底张爱玲是独立的，他心里畏她，可又不得不服她。

他在小周面前是轻松自在的，周小姐的母亲听说胡兰成后，竟嘱咐周小姐要知恩图报，胡兰成大可在她面前以恩人自居。既然是恩人，便大言不惭地向周小姐谈婚事，将其居于妾位，小周也答应，她并不介意。大抵胡兰成总是有叫人不舍他的理由，张爱玲当初并不介意胡兰成有妻室，小周也不介意胡兰成身边已有了张爱玲。

　　胡兰成喜欢跟眼前人说起他喜欢的各式女人，他在小周面前提起张爱玲，后来也在张爱玲面前提起小周。他问小周嫉不嫉妒张爱玲？她答："张小姐妒忌我是应该的，我妒忌她不应该。"胡兰成还点评道：她说的只是这样平正，而且谦逊。她只怀着她有了爱情的欢天喜地。这真是恬不知耻的文人式的贪婪好色。

　　第二年3月，胡兰成又回到上海，与张爱玲住了一个多月。胡兰成堂皇正大地把小周的事情告诉了张爱玲，并且说话神态深为沾沾自喜。张爱玲听后只是面带惆怅，亦并不说什么。

　　胡兰成还将与小周离别之时的境况，完全告诉张爱玲。

　　小周听说胡兰成要回，却是装作一点也不恼，只是笑吟吟地说："这是应该的，家里人接到信，已在翘望了。你回去也看看张小姐哩，也看看青芸哩，也看看小弟弟小妹妹哩。"小周也是个懂风情的人，又道："汉口这样地方，你此去不必再来了的。"胡兰成就以为小周是真的关心自己，既是动气，也是关心。胡兰成忙说，我必定就回来。她又似信似疑。胡兰成见小周面色自若，又担心无惜别之意，因问："我走后你可想我。"又言："我只去两个月，你但照常，夜里出去接生要衣服穿暖，到得五月里，你可以数数日子等我回来了。"谁知不关心还好，这一关心就动了气性，她道："你走后我就嫁人。"

第五章 决恋

胡兰成装生气把她一推,她起去坐到一张帆布椅子上,自己瞑目躺在床上,听见她咳嗽,亦装作不去理睬。她是前晚出去接生感冒了。后来她牵肠抖肺大咳起来,等她咳嗽咳止了,胡兰成只有甘拜下风地笑道:"我还想拼的,拼你不过。"小周并不回答,只是安然傍着胡兰。胡兰成说:"这里都是小姐们,她亦不避,众亦不惊。"

张爱玲听了耸然动容,依旧不说什么。胡兰成曾说一夫一妇原是人伦之正,但亦每有好花开出墙外。奈何他这么一个"惜花"之人,爱玲爱玲奈若何?

她旋即对胡兰成说起有个外国人向她姑姑致意,希望同张爱玲发生关系,每月可贴一点小钱。她说此事没有一点反感之意,胡兰成听后立即不快。假如这不快是冲着她的态度来,那也许正是她希望看到的,她受伤的情感多少可得到一点平衡。她说出此事当然是因为觉得不必避这个嫌,但也未尝不是摆出高姿态,表示自己对胡与周小姐的私情不往心里去。可是胡兰成的不快并没有持续多久,随即洒然。

胡兰成只说张爱玲"糊涂得不知道妒忌",估计不过是张爱玲在忍耐,或者是想要维护自己的高傲自尊,更或者是好不容易胡兰成回来一趟,为了珍惜好的时光,她对胡兰成一如既往地好。

事实上没有一个女人会不介意。

这个月出版的那期《天地》上有张爱玲的一篇《双声》,其中写道:

随便什么女人,男人稍微提到,说声好,听着总有点难过,不能每一趟都发脾气。而且发惯了脾气,他什么都不对你说了,就说不相干的,也存着戒心,弄得没有可谈的了。我想还是忍着的好。脾气是越纵容脾气越大。忍忍就好了。

一个女性再有怎样的学识和修养,于此事的理解也只是在理论上,心理上她是无法接受的。

张爱玲说:"如果另外的一个女人是你完全看不起的,那也是我们的自尊心所不能接受。结果也许你不得不努力地在她里面发现一些好处,使得你自己喜欢她。是有那样的心理的。当然,喜欢了之后,只有更敌视。"

之后,胡兰成回到汉口,说自己回汉口是归心如箭,此时不知他是否能够想起当年他从南京进去张爱玲家门的那一声"我回来了"。

胡兰成又说:"阳历五月我又回汉口。飞机场下来,暮色里汉口的闾阎炊烟,使我觉得真是归来了。"

他觉得自己是真的归来了。

以小周对这份情的深重,他亦"当得起"这份"真的归来"。《今生今世》中说:"小周听见胡兰成到来,她一鼓作气飞奔下楼,到得半楼梯却突然停步,只觉十分惊吓,千思万想,总觉我是一去决不再来了的,但是现在听见楼下我竟回来了,竟似不可信,然而是千真万真的与世上真的东西一对面,把她吓得倒退了。她退回三楼上,竟去躲在她自己房里,还自心里别别跳。"

第五章 决恋

这番景象，真是堕入情网的诚挚和可爱，当年李后主不就说过："奴为出来难，叫郎恣意怜。"

久别不言离别，只是话家常。小周絮絮叨叨地说了一些家里的烟草少了两包，因着给了熟人的缘故之类的话。胡兰成发现小周的手上多了一只金丝的戒指，小周说是用胡兰成当时留下的钱给自己买的。

小周又突然问及："听说张小姐是你的太太。"

胡兰成诧异小周的问话，只说："我一直都和你说的。"

小周道："我还以为是假的！"一脸糊涂的惊痛之状。胡兰成极其欣赏小周这糊涂，说这糊涂都像是三春花事的糊涂。

胡兰成依旧与她说结婚之事，说因为与爱玲尚未举行仪式，与小周不可越先，且亦顾虑时局变动，不可牵累小周。

胡兰成又说这事其实难安排，可是他亦不烦恼。

好一个难安排，亦不烦恼！

只是，胡兰成开始唤小周为"训德"。与小周江边漫步，欣赏小周的脚，穿着圆口布鞋，合人的心意，止不住地赞好。与小周去鹦鹉洲，自然韵裂金石，声满天地。与小周去琴台，坐船月牙湖，误入荷花深处。还想起元明剧曲小说里常有说"天可怜见"，顿觉此时就是天可怜见的两人，在灯人火丛中只是觉得亲。

胡兰成与张爱玲在一起的时候，常常自比宝玉，将张爱玲看作黛玉。他就是这么一个在恋爱中"入情入境"的人。

1945年8月15日，日本宣布无条件投降。胡兰成在街上听到广播,大汗淋漓,自觉大限已到,又不甘心就此罢休,仍积极活动策划。他鬼使神差,好像想要抓住救命稻草,去游说时任汪伪政府二十九军军长邹平凡,妄图使武汉独立。然而,在邹平凡宣布武汉独立后,只有十三天,所谓独立就失败了,此种行为不啻于一个以卵击石的笑话。而邹平凡早就携重金与国民党方面交接,暗地里已经变为国民党政府新编二十一军军长。这期间胡兰成依旧做梦,对邹平凡的变故毫不知情。武汉独立失败后,他大梦方醒,紧急发电报给重庆的昔日旧友陶希圣,可他此时已经身败名裂,毫无利用价值,陶希圣对他的电报置之不理。

在历史面前,胡兰成以为同样可用对待女人的方式去"调戏逗引",最后却自食其果。所谓武汉独立就似一场闹剧,他只得扮成日本伤兵,乘日本伤兵船只才逃离武汉。

很快,他成了国民党通缉的汉奸要犯。

胡兰成只有逃窜,但是在逃窜的时候,他对小周仍是百般缠绵和不舍,《今生今世》中写道:"我与训德说:'我不带你走,是不愿你陪我也受苦……你也要当心身体,不可哭坏了。你的笑非常美,要为我保持,到将来再见时,你仍像今天的美目流盼。我只忧念此后将继续通货贬值,你家里生计艰难。往常我给你钱物,你总不肯要,我心里敬重,但总随时留心你,因为太贫穷了也是要毁伤身体的。你知道我节俭,薪水用了尚有得多,现在我都给你,约够你添补家用两年。我此去什么都不带,你不可再说不要。还有一箱衣裳留在你处,穷乏时你也可卖了用,虽然不值几个钱……'"

第五章 决恋

此时的小周忽然悲恸道："兰成，我爱你！"这一句直白，也只是在这真正生离死别之日。比起当初胡兰成回来之时，小周只是对着胡兰成唱着："郎呀，郎呀，我的郎。"以前是那般含蓄多情，大概是想着长久的缘故，不便把感情完全释放出来，免得被郎看轻。现在不行了，必须要表白，不然来不及了。

等到要走的时候，胡兰成还是觉得割舍不下，亲自为小周送来一袋大米。大米口袋上有一个小洞，放下米袋的时候，就漏出一些米来，两人蹲下来一起捡掉出的米粒，外面正是逐渐暗下来的黄昏。

小周是真爱胡兰成，大抵女子爱了人，都会生出一股舍生忘死的豪情，这种豪情像一种汹涌泛滥的母性。此前一次轰炸中，医院遭了殃，狂轰滥炸，几近废墟。小周比胡兰成更沉稳，毫不迟疑地拽起胡兰成到厨房柴草间躲避，机关枪如点扫射，她毫不犹豫，跃起扑到胡兰成身上，将生死置之度外。乱世显真情。胡兰成自是心中感激，懂得小周的珍贵。以他的性格，他定会想，要是张爱玲焉能做到如此。

全国开始搜索汉奸，东躲西藏的胡兰成在日本人的帮助下辗转武汉、南京、上海。在上海时，他曾经在张爱玲处住过一宿，便仓皇离开。后来上海搜查愈加严密，胡兰成化名张嘉仪，又往杭州、温州逃窜。

在逃亡途中，胡兰成和张爱玲没有任何联系。即便是这样，胡兰成的身边也不缺女人。

在温州时，他干脆和一个斯姓大户人家的姨太太范秀美同居了，并且对外夫妻相称以掩盖身份。

　　胡兰成音讯全无,张爱玲心中牵挂,多方打听,终于在一密友处打听到胡兰成的消息,于是单身一人,从上海赴温州,千里迢迢去寻夫。

　　夫妻情深,张爱玲忧心忡忡,又是一个人寻来,一路上困难重重可想而知,可她满脑子想的都是胡兰成:"我从诸暨丽水来,路上想着这是你走过的,及在船上望得见温州城了,想你就住在那里,这温州城就含有珠宝在放光。"

　　谁知历尽千辛万苦见到胡兰成的时候,却得到胡兰成一句粗声粗气的发问:"你来做什么?还不快回去。"

　　连胡兰成自己都说,见到张爱玲先是"一惊","心里即刻不喜"。尽管胡兰成在《今生今世》中解释道:"夫妻患难相从,千里迢迢特为来看我,此是世人之事,但爱玲也这样,我只觉不宜。旧小说里常有天上的星投胎凡间为人,出生三日啼哭不止,我与爱玲何时都像在天上人间,世俗之事便也有这样的刺激不安,只为两人都有这样的谦卑。但我因是男人,不欲拖累妻子,爱玲如此为我,我只觉不敢当,而又不肯示弱,变得要发怒,几乎不粗声粗气骂她:'你来做什么?还不快回去!'"

　　此番解释有些牵强,既是夫妻,为何不让张爱玲来寻;既是寻来,应该多少感慨高兴,却是一顿粗声粗气。胡兰成之所以如此,不过是因为此时张爱玲的价值对他来说是多余。正值战乱,他哪里有时间有心情和她谈论文艺、品嚼思想?与范秀美结为夫妻对他的

第五章 决恋

身份是一种保护,范秀美穷苦出身,很会理家,此时,他有范秀美无微不至的照顾就够了。

当初,他是真正喜欢张爱玲,张爱玲的才华横溢、高贵家世,都是他炫耀的奢侈品,而今逃亡之际,无暇自顾,哪能再顾及张爱玲。

张爱玲此次来,被胡兰成安排在旅店里住,胡只是白天去看她。

两人结婚不到两年,张爱玲对胡兰成自是一往情深,胡兰成即便是辗转有了小周和范秀美,可是见面三分情,一听张爱玲谈及西洋文学和《圣经》,始终觉得自己的境界比不上她。

白天,两人并躺在旅店的床上,四目相对,胡兰成说张爱玲的眼中只是笑,面庞像一朵牡丹花开得满满的,一点没有保留。忽闻窗外牛叫声,两人像小孩一样,面面相觑,诧异发笑,真是烽烟四起,而他们在一起始终能够保持一种岁月静好的情致。

这次来,张爱玲一直没有怀疑胡兰成和范秀美的关系,胡兰成也一直没有说,有时候甚至是三人一起逛街。有次,胡兰成肚痛,一见到范秀美就对她抱怨。看到此景,张爱玲很惆怅,问及原因。张爱玲说,她觉得在胡兰成心中,范秀美像是他的亲人。

张爱玲对范秀美的惆怅不过就是惆怅,连她在内心都觉得范秀美真是美的,自己还叹道:"范先生真是生得美,她的脸好像中亚细亚人的脸,是本色的美。"

因为这份美,她还给范秀美画像。胡兰成立在一边看,见张爱玲勾了脸庞儿,画出眉眼鼻子,正得画嘴角,胡兰成高兴得才要赞扬她的神来之笔,张爱玲却忽然停笔不画了。胡兰成问她原因,张爱玲道：“我画着画着，只觉她的眉眼神情，她的嘴，越来越像你，心里好一惊动，一阵难受，就再也画不下去了，你还只管问我为何不画下去！”

胡兰成听后并不在意，只是觉得这都是"好人的世界"。

两人见面之时，并没有平常夫妻的吵闹，说起来，贫贱夫妻打骂也是恩爱。

张爱玲毕竟按捺不住，以她的性格，为爱做出的忍耐总是有限度。对范秀美，张爱玲自觉胡兰成不过是想暂时地寻找一个庇护之所，可是对于小周，她是真的有忌惮。

她要求胡兰成在小周和她之间做一个选择。胡兰成先是不肯答应，后来又抱怨自己呆，说反正此时小周又不在此处，随口答应爱玲又有什么关系。再后以君子死生不贰，抱怨自己怎可如此轻薄，又说爱玲是绝对的，从不曾拿她跟任何人比较。

于是，胡兰成道：“我待你，天上地上，无有得比较，若选择，不但于你是委屈，亦对不起小周。人世迢迢如岁月，但是无嫌猜，按不上取舍的话。而昔人说修边幅，人生的烂漫而庄严，实在是连修边幅这样的余事末节，亦一般如天命不可移易。”

张爱玲答：“美国的画报上有一群孩子围坐吃牛奶苹果，你要这个，便得选择美国社会，是也叫人看了心里难受。你说最好的东西是不可选择的，我完全懂得。但这件事还是要请你选择，说我无理也罢。”

胡兰成沉默不语。

第五章 决恋

见胡兰成无话,张爱玲第一次作了这样的责问:"你与我结婚时,婚帖上写现世安稳,你不给我安稳?"

胡兰成推说世景荒荒,其实与小周有没有再见之日都不可知,不问也罢了。

爱玲赌气道:"不,我相信你有这样的本领。"

胡兰成又无话。

最终,张爱玲叹了一气:"你是到底不肯。我想过,我倘使不得不离开你,亦不致寻短见,亦不能再爱别人,我将只是萎谢了。"

此时的张爱玲恐怕内心已经渐渐生出决绝之意,只是胡兰成依旧活在自己的世界里,不过,他又何曾倾听过张爱玲,只说"即便是听了张爱玲的话难受,但是好像不对,因与爱玲一起,从来是在仙境,不可以有悲哀"来搪塞过去。

张爱玲到温州和胡兰成以及胡兰成的情人一共待了二十天。

大抵胡兰成也的确是这样性格的人,是美人,他哪一个都爱,要他选择,他只选择那个能给他暂时舒适的人。胡兰成的爱,无论外在将自己渲染得多伟大,亦是自私。张爱玲来寻他,他甚至觉得张爱玲好比宝玉,而自己是被撵出去了的晴雯,张爱玲来,好比贾宝玉来看晴雯,好像自己这般是亵渎了张爱玲。

不管是否亵渎,胡兰成和范秀美的情人关系,已经被张爱玲察觉。胡兰成这样想,一方面说明了张爱玲的确在他心中占有重要地位,另一方面大抵还是有对不起张爱玲的羞愧,所以要找些美丽的托词。

张爱玲最后也明白了胡兰成的心迹，那就是面前这个男人，绝对不可能只爱她一个人。

走的前一天，张爱玲还是去了胡兰成与范秀美的住处。范秀美叫胡兰成在人前说张爱玲是他的妹妹，胡兰成答应了，对任何人都说张爱玲是他的妹妹，范秀美是他的妻子。胡兰成内心觉得负了张爱玲，却又不愿意承认，只是说：他待张爱玲，如同对待他自己，所以宁可克己，倒是要多顾顾小周和范秀美。

言下之意是说，张爱玲本来就是一个内心强大的人，不过在胡兰成的眼中，内心强大反而成了他辜负张爱玲的理由。

张爱玲虽已心灰意懒，也还是情有不舍，与胡、范二人坐在房中说话，直到深夜。她知道自己与胡的情分是到头了。

第二天张爱玲离开温州，登船之时，天空下满了细细的雨，犹如人内心怀揣着酸楚。几天后她从上海寄给胡兰成一封信，在信中陈述当时她难以言说的离情，信中道："那天船将开时，你回岸上去了，我一人雨中撑伞在船舷边，对着滔滔黄浪，立涕泣久之。"这些话让人读来，真是百转柔肠，千思万涌。

胡兰成在逃亡中生活本拮据，张爱玲事事为他设想，想尽方法给他寄钱，还叮嘱胡兰成不要节约，更不要忧念自己，自己怎样都会为他节省，并为他的出路想办法。

虽说张爱玲如此帮助胡兰成，可是后来二人的交往还是仅仅限于通信了。每次有人去上海，胡兰成就委托其帮他给张爱玲带字条。张爱玲不仅仅是回信，还给胡兰成捎很多东西。她还是有着一颗真

第五章 决恋

心,打心底里放不下胡兰成,只是当初的激情已经褪去,唯一剩下也只是感情了。

胡兰成自是聪明,在感情之中总是游刃有余,他知道张爱玲是不适合生活的,从张爱玲去温州之时,胡兰成就已经有这样的想法。

张爱玲去温州看他时,曾在斯家小住。由于生活习惯不一样,张爱玲向来是过公寓式的生活,在应酬上她又向来不会,性格倔强,即便知道入乡随俗,也不会入乡随俗。住的那几日,她把自己的面盆也用来洗脚之类,连乡下人都在笑她。斯家人将这些说与胡兰成听,胡兰成顿觉颜面扫地。

看来"欲仙欲死"的恋情无法和现实的生活相抗衡。

胡兰成一直说张爱玲是不食人间烟火的仙女,可是当仙女真正活在凡间,胡兰成才发现仙女于生活真是一点都不"适用",幡然明白,怪不得古人选取妻子的条件往往是"宜室宜家"。胡兰成的想法和张爱玲在《红玫瑰和白玫瑰》中描述的男人骨子里的想法如出一辙:自我中心和大男子主义,天下男人都有,打的如意算盘都是身边要有个过日子的好女人,同时也要拥有一个理想中如同仙女的女人;理想和生活可以同时保留,需要理想时夸夸其谈,浪漫风流;生活来临之时,亦要同甘共苦,不离不弃。

胡兰成也说,张爱玲在他心中就是仙女,他只是将其供奉于心中,或者是理想之中。

当张爱玲无力满足胡兰成的生活诉求的时候,并且当这种诉求在生活中出现偏差时,胡兰成便对张爱玲恶言相向,两人之间的矛盾终于爆发。

全国查汉奸，渐渐查到了温州，开始对每家每户展开户口检查。胡兰成为了躲避检查，先是在斯家躲藏数月，又去了上海，等检查的风头一过，他即从上海乘船返回温州。订的船票是第二天，他便到张爱玲处去住一宿，还带着来送行的斯家老四。等到斯家老四一走，胡兰成便勃然大怒，责备张爱玲不会招待客人，连留老四吃一顿饭的礼貌都没有。张爱玲哪里在胡兰成处受过这样的气，更何况胡兰成一直捧着张爱玲。胡兰成态度的转变，激怒了张爱玲一直受冷落的心。

被激怒的张爱玲几乎是跳起来还击，道："我是招待不来人的，你本来也原谅，但我亦不以为有哪桩事是错了。"

直到那天晚上，胡兰成都还没有发觉张爱玲心态的转变，也或许即便发觉了张爱玲的不悦，也只是装作不知道，依旧做着多美齐聚的白日梦。晚上相处的时候，他沾沾自喜地对张爱玲谈范秀美、谈小周。为了彰显和小周的情谊，他让张爱玲看他写的《武汉记》，里面写的都是小周的事情。张爱玲不愿意听他说其他女性，更不愿意看《武汉记》，可是胡兰成依旧夸夸其谈，一副得意之态。

他竟还痴痴地对张爱玲大谈范秀美的事情。张爱玲只是气苦，胡兰成装作不知。装作不知也就罢了，他还装疯卖傻地对张爱玲说，与她的爱情是一个不可能被世人嫉妒或者嫉妒世人的境界。他硬生生地把这些伤害塞给她，还要她到一定境界中去接受，相当于给张爱玲将了一军：张爱玲不接受胡兰成乌七八糟的感情，就说明张爱

第五章 决恋

玲的爱情境界不高，那也就是张爱玲在直接否定自己的爱情。

胡兰成实则是柿子捡软的捏，对张爱玲这样自恋自怜又极其自尊的人来说，无疑是一种挑衅。

面对胡兰成在自己面前大谈其他女人的洋洋自得态，张爱玲瞠目结舌，怔得难以说话。

胡兰成并不觉得自己过分，反而觉得张爱玲的境界不够，半开玩笑地在张爱玲的手背上打了一下。这一下，真正地激怒了张爱玲。两人即刻出现了不欢的情绪，张爱玲当晚便和胡兰成分房而寝。张爱玲孤枕难眠，心中羞愤，想起胡兰成的行为，顿觉心凉如水，可她一向要强，便振作地想要和胡兰成做个了断。

胡兰成呢，见到张爱玲的反应，也的确觉得自己做得不对，可"心里觉得，但仍不以为然"。

张爱玲的了断之心，的确如胡兰成所说："世上的夫妻，本来是要叮叮对对，有时像狗咬的才好，偏这于我与爱玲不宜。"

第二天天还未亮，胡兰成起来到张爱玲睡的隔壁房里，在床前俯下身去亲她，她从被窝里伸手抱住他，忽然泪流满面，只叫得一声："兰成！"

这一声"兰成"，便是人生决绝。胡兰成后来自己也说："这是人生的掷地亦作金石声。"然而当时，这一声只是叫得胡兰成心里震动，但仍不去想别的。胡兰成又回到自己的床上睡了一会儿，天亮起来，草草等到晌午，就到外滩上船往温州去了。

胡兰成风流自比神仙飘逸浪漫，而张爱玲对情爱那般绝对和"欲仙欲死"的要求，迟早会把他的"神仙浪漫"打回凡胎。

更何况，张爱玲连妻子的角色都扮演不好。有人说张爱玲犹如一枝临水独照的水仙，内省内倾，临水自照，顾影自怜，自恋之又有自我膨胀、自我中心、利己、自私等意。水仙难如俗世，胡兰成也是一样，他需要精神，却更需要生活，任何女人都是他对于生活的需要。

张爱玲曾说："女人在男人面前会有谦虚，因为那是女性的本质，因为女人要崇拜才快乐，男人要被崇拜才快乐。"她也曾说，自己在他面前变得很低很低。可是她到底不知道，她也是一个需要崇拜的人。这或许就是文人的通病。两个自负的文人，是难于落低到生活中来的。

第六章 决裂

第六章 决裂

胡兰成向来是喜欢撩拨之人。

他曾说:"我是生平不拜人为师,要我点香亦只点三炷半香。一炷香想念爱玲,是她开了我的聪明……"

胡兰成向来是懂得对张爱玲膜拜点香火的。张爱玲到底有没有开启他的聪明,我们不得而知,不过,胡兰成向来是很聪明的。他的聪明在于为人处世之中,总是将自己置于最无辜最纯洁的位置。

他在房间写文章,范秀美的外婆提到秀美小时候生病受到照顾吃了一只三角蟹,秀美懂事知家里艰难,一只三角蟹三天才吃完。胡兰成听后心里感慨,只是说以后一定要对秀美更好。

他在温州看温州戏,心里高兴,又想着自己现在看一样东西能晓得它的好,都是靠爱玲教的。

他每日写《山河岁月》这部书,写到有些句子竟像是爱玲之笔,自己笑来道:"我真是吃了你的浅唾水了。"

他真是该想谁的时候就想谁,时间分配得公平公正。

胡兰成多情是本性,而张爱玲是注定受不了的。

正在胡兰成做各种美梦之时,张爱玲来信与他决绝。对于张爱玲的决绝态度,胡兰成用的一个词是"岂料"。

张爱玲渐渐对胡兰成产生反感了。胡兰成在自己的境况好转之后常常给张爱玲去信,依旧以沾沾自喜的笔风写自己的花边事情,张爱玲实难承受,对他已是难以忍受,有次直接给胡兰成回信说:"我觉得渐渐地要不认识你了。"

1947年6月,此时胡兰成已经完全脱险,张爱玲给他写了真正决绝的信:"我已经不喜欢你了,你是早已不喜欢我了的。这次的决心,我是经过一年半的长时间考虑的,彼时唯以小吉故,不欲增加你的困难。你不要来寻我,即或写信来,我亦是不看的了。"

信中的"小吉"是小劫的隐语,随信还附去了自己新近写电影剧本的稿费三十万元。

张爱玲尽管受不了胡兰成,却依旧对他情深意重。

张爱玲对待胡兰成的态度,有些像张幼仪对待徐志摩的态度。

说实话,论在经济上的帮助,张爱玲担得起胡兰成的妻子之名。胡兰成亡命在外,四处躲藏,都是张爱玲寄钱去救济。

胡兰成说张爱玲"亮烈难犯",可是分手在即,张爱玲对他亦是有情有义。想必这一次结结实实的恋爱,在人生也渐渐迷蒙成曾经。她写过:"在我们的社会里,年纪大一点的女人,如果与情爱

第六章 决裂

无缘了还要想到爱,一定要碰到无数小小的不如意,龌龊的刺恼,把自尊心弄得千疮百孔,她这里的却是没有一点渣滓的悲哀,因为是心平气和的,那木木的脸上还带着点不相干的微笑。"

尽管千丝情缕都化作表面的上的心平气和,可张爱玲毕竟是不可能妥协的,特别是在爱情面前要牺牲她骄傲的自尊心,只有她看不起别人,何曾允许别人看不起她的。张爱玲对胡兰成用情至深,所以她去意徘徊。真正到了不得不分之时,她又是义无反顾。

胡兰成接到张爱玲的绝情信时便心中明白,他已经没有再在张爱玲面前玩花样的资格。可是他内心又如何舍得呢?他是真正舍不得,他恨不得自己身处百花园中而不舍弃任何一朵花。

面对张爱玲决绝的态度,胡兰成反而变得哀怨缠绵了,他没有给张爱玲回信,却给炎樱写了一封含含糊糊的信,希望炎樱能够为自己说情。

信中写道:"爱玲是美貌佳人红灯坐,而你如映在她窗纸上的梅花,我今惟托梅花以陈辞。佛经里有阿修罗,采四天下花,于海酿酒不成,我有时亦如此惊怅自失。又《聊斋》里香玉泫然曰,妾昔花之神,故凝,今是花之魂,故虚,君日以一杯水溉其根株,妾当得活,明年此时报君恩。年来我变得不像往常,亦惟冀爱玲日以一杯溉其根株耳,然又如何可言耶?"

炎樱识不得几个汉字,胡兰成也只是希望炎樱代为传达,指望张爱玲能看到。对这封影影绰绰、欲盖弥彰、言不由衷的信,好像鄙夷似的,炎樱没有回信,张爱玲也没有回信。

一年后，胡兰成经香港去日本，路经上海，内心对张爱玲不能忘情，"几次三番思想，想去又不想去"。他登上那幢公寓的六楼，当初一声"我回来了"，张爱玲便立即喜盈盈地迎出来之景，早已不在。胡兰成敲门，出来应门的是一陌生女子，此地早已是人去物非。

20世纪50年代初期，胡兰成在日本与汪伪南京政府中吴四宝之妻、一个名叫佘爱珍的女子结婚。半年后，他竟收到张爱玲的明信片，信里并无别话，连上下款亦不署。只写：

手边如有《战难和亦不易》《文明的传统》等书（《山河岁月》除外），能否暂借数月作参考？

当时胡兰成接信在手里，认那笔迹，几乎不信真是她写的。

接到张爱玲的信，胡兰成心中惊讶之余，还有些许得意，或许他第一想到的便是张爱玲最终舍不得他。死性难改，他首先将这信拿给现在的妻子佘爱珍看，还说爱珍也替他感到高兴，甚至催他快快回信。

胡兰成立即回信，信曰：

爱玲：

《战难和亦不易》与《文明的传统》二书手边没有，惟《今生今世》大约于下月底可付印，出版后寄与你。《今生今世》是来日

第六章 决裂

本后所写。收到你的信已旬日,我把《山河岁月》与《赤地之恋》来比并着又看了一遍,所以回信迟了。

兰成

在信中胡兰成还附了自己的新照,并立即寄去了自传《今生今世》,还听信爱珍之言,写了诸多撩拨之语。

结果,张爱玲并未回信。

最后胡兰成收到张爱玲的一短信笺:

兰成:

你的信和书都收到了,非常感谢。我不想写信,请你原谅。我因为实在无法找到你的旧著作参考,所以冒失地向你借,如果使你误会,我是真的觉得抱歉。《今生今世》下卷出版的时候,你若是不感到不快,请寄一本给我。我在这里预先道谢,不另写信了。

爱玲

既是暗藏苍凉,却又是自尊和自省。

好似人生真正的认识一场,缘断情散。

这便是真正的诀别了。

1945年,抗战胜利。

1949年,中华人民共和国成立。

对张爱玲来说，这不仅是时代变迁，好比一个人有一个时代，而张爱玲的时代随着新时代的来临，好像时光流逝一样，她的光芒即将黯淡。

过去即便是过去，终究影响未来。

张爱玲是一个从感情出发做事的人，只是这样的角度很难受到他人的理解。唐德刚就因为张爱玲与胡兰成的关系，在《最后的光辉：谈谈张爱玲》中对她进行了全面的否定。

面对外界的抨击，张爱玲并不是什么都不在乎，她毕竟是要生存下去的。

爱错了一个人，耽误了自己一生。爱错了一个人，也影响了自己的一生。尽管没了胡兰成，她也依然要生活在这个黄浦江边的上海。

对于外界的误解她突然想要解释，她自身对此也感到无奈，所谓人言可畏。

1946年，龚之方推出她的小说集《传奇》的增订本。在这增订本中，张爱玲写了"跋"和"前言"。

在"前言"中，她是这样说的：

我自己从来没有想到需要辩白，但最近一年来常常被人议论到，似乎被列为文化汉奸之一，自己也弄得莫名其妙。我所写的文章从来没有涉及政治，也没有拿过津贴。想想看我唯一的嫌疑要么就是所谓"大东亚文学者大会"第三届曾经叫我参加，报上登出的名单

第六章 决裂

内有我；虽然我写了辞函去（那封信我还记得，因为很短，仅只是："承聘第三届大东亚文学者大会代表，谨辞。张爱玲谨上。"）报上仍旧没有把名字去掉。至于还有许多无稽的谩骂，甚而涉及我的私生活，可以辩驳之点本来非常多。而且即使有这种事实，也还牵涉不到我是否有汉奸嫌疑的问题；何况私人的事本来用不着向大众剖白。但一直这样沉默着，始终没有阐明我的地位，给社会上一个错误的印象，我也觉得对不起关心我的前途的人。所以在小说集重印的时候写了这样一段作为序。反正只要读者知道了就是了。

张爱玲说"我自己从来没有想到需要辩白"，其实这一番话出来，又何尝不是在为自己辩解？只是那个时候，她和胡兰成的感情走到了尽头，她的内心已经完全走向悲凉，再不复刚出文坛时的锋芒和锐气。

她真的有些累了。

第七章 沉默

第七章 沉默

在张爱玲考虑自己出路的时候,她息笔了一年,1946年是她沉默的一年。

直到1947年,文坛上才再次看到她的踪影。

她在《大家》上发表了《华丽缘——一个行头考究的爱情故事》,一篇颇像散文的小说,估计是她在温州的听闻。她去温州寻找胡兰成的时候,多次和胡兰成去看庙戏。《华丽缘》发表两个月以前,她才给胡兰成写了绝情信。文中也是颇多对人生的感悟,只是在写法上避重就轻,写的都是绍兴庙戏中的人情世俗,而自己的人情世俗亦在其中,恍恍惚惚,茫然失去,不胜悲凉:

我注意到那绣着"乐怡剧团"横额的三幅大红幔子,正中的一幅不知什么时候已经撤掉了,露出祠堂里原有的陈设;里面黑洞洞的，却供着孙中山的遗像，两边挂着"革命尚未成功，同志仍需努力"的对联。那两句话在这意想不到的地方看到，分外眼明。我从来没知道是这样伟大的话。隔着台上黄龙似的扭打着的两个人，我望着那副对联，虽然我是连感慨的资格都没有的，还是一阵心酸，眼泪都要掉下来了。

这哪里是在谈人世，分明是在悲叹自己。想到自己对爱情的期望，到如今也是竹篮打水一场空——滚滚红尘中无法摆脱的一场名叫悲伤和失去的宿命。

爱情上如此付出，却一无所获。

亲情上也是留不住感情，母亲很快去了英国，一去就再也没回来，最后病死在英国。而父亲的生活更糟糕，他更加不适合新时代了，就像老去即将腐朽的树枝，等待着最后的凋落入土。

政治气氛对小说创作影响甚大，张爱玲就开始尝试着创作剧本，这可能跟她小时候喜欢看电影有关。她小时候常常一个人去看电影，看完电影后就一个人站在路边，等待家人来接她。所以在电影《色，戒》中，受张爱玲气质和习惯的影响，李安设计了女主角常常一个人去看电影的细节。

因为电影，张爱玲结识了桑弧。桑弧给张爱玲的人生带来了一段小小的插曲。稍微有些惊喜，最终却又归于平静，回到张爱玲波澜不惊的生活。

桑弧对张爱玲的才华本来就非常仰慕，只是素闻张爱玲一向孤

第七章 沉默

僻冷傲，不肯轻易见人，不敢冒昧去拜见。在柯灵的介绍下，桑弧才正式求见张爱玲。张爱玲一听桑弧的提议，立刻就答应了写剧本。很快，第一个剧本《不了情》就出来了。剧本拍成了电影，由桑弧执导。张爱玲、桑弧的合作引起了轰动，电影极其卖座。桑弧决定邀请张爱玲写第二个剧本，他先将剧本打了一个腹稿，然后将故事框架讲给张爱玲听。没有多长时间，《太太万岁》就出来了。这一次是一部喜剧，这部片子还放到了温州，胡兰成也看了。《不了情》《太太万岁》的稿费也及时给张爱玲带来了一笔丰厚的收入，只是在给胡兰成写那封绝情信的时候，她将这些稿费一并寄给了胡兰成。

张爱玲为胡兰成伤尽了心，丧尽了气，桑弧在这个时候无疑成了她精神上的知己。周围一帮朋友都觉得两人很是相配。龚之方对此极其热心，对他俩积极撮合。借着一次去拜访张爱玲的机会，主动提出了她与桑弧的婚事。但是张爱玲听到这个提议，极其诧异。后来龚之方回忆说："她的回答不是语言，只是对我摇头、再摇头和三摇头，意思是叫我不要再说下去了。不可能的。"

对于张爱玲的反应，有人曾经在张爱玲的《小团圆》中找寻答案，从小说情节来推测真实生活。桑弧在《小团圆》中对应的人物是燕山。小说中，燕山对九莉展开了热烈的追求，很快两人同居。在与燕山的接触中，九莉感到了初恋的快乐：

他把头枕在她腿上，她抚摸着他的脸，不知道怎么悲从中来，觉得"掬水月在手"，已经在指缝间流掉了。他的眼睛有无限的深邃。

但是她又想,也许爱一个人的时候,总觉得她神秘有深度……

她对他是初恋的心情,从前错过了的,等到了手已经境况全非,更觉得凄迷留恋,恨不得永远逗留在这阶段。

但是事情并没有按照一切来得不易必将珍惜的套路发展。《小团圆》中,燕山最终还是顾忌九莉曾是邵之雍妻的身份,并没有对外公开恋情。最为残忍的是,九莉有次以为怀了孕,谁知检查后,并没有怀孕,反而检查出子宫颈折断的旧伤。燕山对此毫无表情,九莉却从这毫无表情的脸上读出燕山内心无穷的厌弃,九莉立即觉得自己不过是一个被抛弃的女子。

或许张爱玲想着,这样的爱情是必定没有结果的。所以,当龚之方对她提及和桑弧的恋情时,张爱玲只是一再地摇头。龚之方尴尬离去,张爱玲和桑弧的关系也日渐黯淡了下去。

只是,对桑弧的感情,张爱玲想必是觉得值得的。《小团圆》最后写道:"但是燕山的事她从来没有懊悔过,因为那时候幸亏有他。"

张爱玲觉得桑弧或许是看不起自己的。桑弧不比胡兰成风流,性格却懦弱,他大概总是觉得张爱玲没有对胡兰成忘情。于是,一段感情也就由此不了了之。

《小团圆》中曾写:"雨声潺潺,像住在溪边。宁愿天天下雨,以为你是因为下雨不来。"

《太太万岁》之后,张爱玲再次搁笔,1948年、1949年她没

第七章 沉默

有发表过任何作品。

岁月凄凉，月光亦是寒光。"过三十岁生日那天，夜里在床上看见阳台上的月光，水泥栏杆像倒塌了的石碑横卧在那里，浴在晚唐的蓝色的月光中。一千多年前的月光，但是在她三十年已经太多了，墓碑一样沉重的压在心上。"

历史犹如车轮。张爱玲向来是一个对政治不太敏感的人，但是在1949年之际，她隐隐地觉得这新时代将彻底影响她的人生。

曾经的上海，曾经属于她的时代，如今在新时代的氛围中，渐渐离她远去了。

1952年11月，张爱玲离开了上海。她在这里生活了近三十年，鲜丽的颜色、难忘的味道、刺激的情感，这一切都是她最最真实而享受的生活。这一别，也是和曾经的生活告别了。

这次出走，除了姑姑，她未曾告诉任何人。为了避免麻烦，她和姑姑约定互不通信。

她这一走，真是犹如石沉大海，音讯全无了。

第八章

遗忘

第八章　遗忘

当自己想要去遗忘，并对遗忘行动的时候，那么自己也会渐渐被这个世界所遗忘。

而想忘却不能忘的，往往会给自己带来羞辱。传言张爱玲是受胡兰成召唤来到香港，可是当张爱玲到香港的时候，胡兰成却和佘爱珍去了日本。

由于前几年的封笔，自己大部分稿费都给了胡兰成，到香港又花了好些钱，在经济上，她捉襟见肘。

这次张爱玲的前程才是真正的生死未卜。香港给张爱玲的感觉也不过是华美而悲哀的一座城池。

为了生活，她不得不进行一些外国作品的翻译工作。她先后翻译了《老人与海》《爱默生选集》《美国七大小说》等。她并不喜翻译，有些人的作品她甚至是很反感的，特别是爱默生。她自己说:"我逼着自己译爱默生,实在是没有办法。即使是关于牙医的书,我也照样会硬着头皮去做的。"

对于生活,人有很多无奈,对于自己不喜欢的翻译,张爱玲说:"好像同自己不喜欢的人谈话,无可奈何地,逃又逃不掉。"

翻译收入是张爱玲此时在香港主要的生活来源。

在此期间,她依旧写了一些清淡却真实的电影剧本如《小儿女》《南北喜相逢》。这些洗尽铅华的作品才可以称得上她这段时期的代表作。

在香港,张爱玲收获了一生的朋友,那就是宋淇夫妇。宋淇夫妇在上海时就是张爱玲的粉丝,这次在香港邂逅,宋淇夫妇惊喜不已。他们多次拜访张爱玲,并对张爱玲极其照顾。张爱玲在香港居住的房子都是宋淇夫妇帮忙找的。两家的房子住得很近,宋太太时常去找张爱玲攀谈,她在张爱玲身上找到无穷无尽的语言的乐趣。张爱玲害怕宋太太在她这里滞留得太久,影响夫妻感情,还要求宋太太必须每天晚上八点就要回家共叙天伦之乐。

宋太太原名邝文美,在她后来出版的《张爱玲私语录》序中写道:

十五年来,我一直是她的忠实读者。她的作品我都细细读过,直到现在,还摆满案头,不时翻阅。但是老实说,在认识她以前,尽管我万分倾倒于她的才华,我也曾经同一般读者一样,从报纸和杂志上得到一个错误的印象,以为她是个性情怪僻的女子,所以不

第八章　遗忘

免存着"见面不如闻名"之心。直到几年前我们在一个偶然的场合中相识，一见如故，后来时常往来，终于成为无话不谈的好友，我才知道她是多么的风趣可爱，韵味无穷。照我猜想，外间传说她"孤芳自赏""行止隐秘""拒人于千里之外"……很可能是由于误解。例如，她患近视颇深，又不喜欢戴眼镜，有时在马路上与相识的人迎面而过，她没有看出是谁，别人却怪她故作矜持，不理睬人。再者，她有轻性敏感症，饮食要特别小心，所以不能随便出外赴宴。不明白这一点的人，往往以为她"架子很大"。再加上她常在夜间写作，日间睡觉，与一般人的生活习惯迥异，根本没法参加各种社交活动，这也是事实。我相信"话不投机半句多"这种感觉是任何人都有过的。在陌生人面前，她似乎沉默寡言，不擅辞令；可是遇到只二三知己时，她就恍如变成另一个人，谈笑风生，妙语如珠，不时说出令人难忘的警句来。她认为"真正互相了解的朋友，就好像一面镜子，把对方天性中最优美的部分反映出来。"

张爱玲的人生经验不能算丰富，可是她有惊人的观察力和悟性，并且懂得怎样直接或间接地在日常生活中抓取写作的材料，因此她的作品永远多姿多彩，一寸一寸都是活的。举一个实例：我记得她离港赴美的前夕，曾叫我陪她到皇后大道去买些零星什物。当她拣好一只闹钟叫店员包装时，我无意中说了一句："倘使等一会我们坐电车回去的时候，这闹钟忽然响起来，吵得满车的人都朝我们看，岂不滑稽？"她笑起来，说这倒是极好的戏剧资料。几个月后，我读到她从美国寄来的《人财两得》电影剧本，看见剧中男主角的闹钟竟在不应该响的时候响起来，闹出许多笑话，再想起这些噱头是怎样产生的，不禁拍案叫绝。

在题材方面，她喜欢写男女间的小事情，因为"人在恋爱的时候，是比战争或革命的时候更素朴，也更放恣"。她觉得人在恋爱中最能流露真性，"这就是为什么爱情故事永远受人欢迎——不论古今中外都如此"。她的写作态度非常谨严，在动笔以前，总要再三思考，把每个角色都想得清清楚楚，连面貌体型都有了明确的轮廓纹，才着手描写。否则她说："自觉心虚，写出来就不会有真实感。"怪不得她笔下的人物，个个都活龙活现，有血有肉，呼之欲出。在行文运字上，她是极其用心的，写完后仍不惜一改再改，务必达到自己完全满意的地步。有时我看见她的原稿上涂改的地方比不涂改的地方还要多，一大行一大行蓝墨水，构成很有趣的图案。

像所有伟大的艺术家一样，她总在作新的尝试，从来不走旧路，也不摹仿别人。她的作品细腻而精炼，具有一种特殊的风格，有些人称之为"张爱玲笔触"。近年来摹仿她这种风格的人倒也不少。有一次我问她对此有何感想。她很幽默地回答："就好像看见一只猴子穿了我自己精心设计的一袭衣服，看上去有点像又有点不像，叫人啼笑皆非。"

一般人总想，写小说的人，编出来的剧本多半是能读不能演的。以前我没有看过张爱玲编的戏，因为当日她的《不了情》和《太太万岁》在上海公映时，我还没有养成看国语片的习惯。所以前一阵我听到《情场如战场》即将上映的消息时，多少有点担心。但是这

第八章 遗忘

部片子优先献映那一夜,我亲眼看到她笔下的角色一个个以生动的姿态在银幕上出现,亲耳听到那些流利俏皮的对白所引起的良好反应(满院不绝的笑声,简直像美妙的音乐),我非常高兴她的心血没有白费。当初她希望演员们一个个"渡口生气"给她的剧本,使它活过来。这个愿望终于实现了。

张爱玲赴美后的近况,是许多读者所关心的,我可以在这里简单地说几句。她到了美国之后,最初住在纽约,后来有一段时期住在纽哈姆夏州的一个"作家乐园"(MacDowell Colony),当地环境绝佳,湖山环抱,松林在望,风光如画。《情场如战场》和《人财两得》两剧就是在那边一所古雅的房子里完成的。几月前她写完第三本英文小说 *Pink Tears*(《粉泪》)后,接着就替电影懋业公司编写第三出电影,暂名《拜倒石榴裙》。目前又在筹划另一新剧。

她嗜书如命,也是个彻头彻尾的"红楼梦迷",甚至为了不能与曹雪芹生在同一时代——因此不能一睹他的丰采或一听他的高论——而出过"怅望千秋一洒泪,萧条异代不同时"的感慨。在这一点上,我觉得我比张爱玲幸运,因为"在千千万万年之中,时间无涯的荒野里",我能够不迟不早地遇见了她。虽然现在我们远隔重洋,再也不能促膝谈心,但是每过一阵我能够收到她的长信,读到她的新著,看到她编的电影……无论如何,这总是值得感谢的事。

读邝文美《张爱玲私语录》中的这篇序,可以从另外一个角度去对张爱玲有一个了解——从一个这么喜欢张爱玲的人眼中去看张爱玲,一个在他人眼中玲珑剔透的张爱玲。

1955年是张爱玲人生真正转折的一年,如果说在香港还可以回头,而这一去美国可就是故国家园两相散了。

1955年秋,张爱玲乘上去美国的克利夫兰总统号,只有宋淇夫妇前来送行。这一行送别不免更加凄凉,这个萧瑟的秋,更多的是人生之秋,张爱玲告别的不仅仅是香港。

这一年,她三十五岁。

十年前那个红遍上海的张爱玲,意气风发,现在也不堪人生之凄楚悲凉。

到了美国,张爱玲首先和炎樱联系。炎樱早就移居美国,在纽约做着房地产生意,做得红红火火,生活境况颇好。张爱玲亦是颇有骨气,于人于己的好,都是蕴含于心,又极有尊严,不愿过多麻烦炎樱,只是在炎樱一个熟人的介绍下,搬到一个专为穷人开放的女子职业宿舍去住。

一到纽约,张爱玲就心心不忘一个人,那就是胡适。她曾将自己的《秧歌》寄给胡适看过,胡适对这小说极其欣赏,回信给她:

你这本《秧歌》,我仔细看了两遍,我很高兴能看到这本很有文学价值的作品。你自己说的"有一点平淡而近自然"的境界,我认为你在这个方面已经做到了很成功的地步!这本小说,从头到尾,写的是"饥饿"——也许你曾想用《饿》做书名,写得真好,真有"平淡而近自然"的细致功夫。……我真感到高兴!如果我提倡这两部

第八章 遗忘

小说(指《醒世姻缘》和《海上花列传》)的效果单止产生了你一本《秧歌》,我也应该十分满意了。

在回信的时候,胡适为了鼓励她,还把自己读过两遍的《秧歌》一并寄给了张爱玲。胡适读过的书上面做满了笔记,扉页上还有题字。这些都叫张爱玲感动不已。

说起来,胡张两家还有一些渊源。张爱玲祖父张佩纶和胡适父亲胡传相识,在官场上,张佩纶曾帮助过胡传。后来张佩纶落魄,胡传亦寄钱来救济。张爱玲的母亲和姑姑还和胡适打过牌。

在张爱玲的记忆中,有次姑姑在报上见胡适回国笑容可掬走下飞机的照片,笑道:"胡适之这样年轻!"

胡适对这个有才华的晚辈一样颇为关心,亲自去女子职业宿舍看她,有时候还带她去中国馆子吃饭。

多年后,胡适逝世,张爱玲在回忆胡适的散文里提到这次胡适来看她的情景:

我送到大门外,在台阶上站着说话。天冷,风大,隔着条街从赫贞江上吹来。适之先生望着街口露出的一角空濛的灰色河面,河上有雾,不知道怎么笑眯眯的老是望着,看怔住了。……我也跟着向河上望过去微笑着,可是仿佛有一阵悲风,隔着十万八千里从时代的深处吹来,吹的眼睛都睁不开。那是我最后一次见到胡适先生。

这一段文字，读起来真是令人感慨万千。

胡适是 1962 年在一次宴会上演讲后突然去世。在他最后几年里，他们也很少通信，后来通过一次信，接着张爱玲便听到了胡适的噩耗。

尽管此时小说《秧歌》在美国出版了，却是销路平平，出版商也不愿意再版。此时的张爱玲，再也追不回昔日的荣光，经济上又变得窘迫不堪。

迫于无奈，她只好写信向专为有前途的作家提供写作环境的基金会——位于新罕布什尔州的麦克道威尔文艺营请求帮助。

申请书是这样写的：

亲爱的先生／夫人：

……我在去年 10 月份来到这个国家。除了写作所得之外我别无其他收入来源。目前的经济压力逼使我向文艺营申请免费栖身，俾能让我完成已经动手在写的小说。我不揣冒昧，要求从 3 月 13 日到 6 月 30 日期间允许我居住在文艺营，希望在冬季结束的 5 月 15 日之后能继续留在贵营。

张爱玲敬启

入住文艺营需要有担保人，张爱玲找了女子职业宿舍的玛莉·勒德尔，这位妇女对爱玲一向多有照顾，自称是张爱玲的"美国阿姨"；还有一位是斯克利卜纳出版公司的主编哈利·布莱格；

第八章 遗忘

第三位是美国作家马宽德。文艺营没有异议,于3月2日回信同意接纳她。

很快,张爱玲从纽约乘火车到波士顿,而后坐大巴到新罕布什尔州,进入彼得堡镇,坐计程车。一路经过六七个小时的颠簸,她终于来到文艺营。

此时的张爱玲正是衣衫单薄,看见文艺营的灯光从窗户中流泻而出,心中顿时涌出一些家的温暖。四周是树林,残雪覆盖在树枝上闪着幽蓝的光。

张爱玲眼前的文艺营已有半个世纪的历史了,她来后除了分到了一间宿舍,还分到了一间工作室。

文艺营是中世纪的欧洲庄园,环境静谧并且远离喧嚣,是创作写作的绝好环境。它占地四百二十英亩,有二十八所各自独立的艺术家工作室,或是建在草坪上,或是建在森林中。此外,还有一座图书馆、十几座宿舍和一个供社交用的大厅。文艺营的创建人是马琳·麦克道威尔夫人,是一位作曲家的遗孀,五十多岁时心血来潮,办了这样一个文艺营。

在这里,张爱玲提交的一份写作计划是一部长篇小说,暂时命名为《粉泪》。而此时她少年时候崇拜的林语堂,其《京华烟云》已经获得了诺贝尔文学奖的提名。

昔日《金锁记》风靡上海,张爱玲决定将《金锁记》作为拓展本,用英文创作《粉泪》,希望能够有林语堂的成就,这就是后来的《怨女》。

第九章 苏醒

第九章 苏醒

在麦克道威尔文艺营里,张爱玲除了得到了暂时的收容,还获得人生的第三次情感,她遇见了人生的最终伴侣——赖雅。

或许很多人不明白,张爱玲为何最终选择了赖雅。两人相遇的时候,赖雅六十五岁,张爱玲三十六岁。

赖雅比张爱玲大三十岁,后面的生活基本上都是张爱玲在为生计奔波,同时还要照顾赖雅日渐老病的身体。张爱玲却说:"爱情使人忘记时间,时间也使人忘记爱情。"这个女人,在爱情降临的时候,她总是选择承担和勇气。

赖雅的父母都是德国移民,于1891年出生于美国费城。赖雅完全在一个德国家庭长大,虽然父亲极其严厉,对他进行专制式的教育,母亲对儿子却极其溺爱,任他淘气。应该说多亏了母亲的溺爱,赖雅的文学才华才没有在父亲专制的德式教育下被全部扼杀。十七岁时赖雅进入宾州大学，他选择了文学作为自己一生的事业。二十岁的时候他就写出了不少的诗歌，还创作了诗剧《莎乐美》。赖雅生活极其奢靡。第一次结婚时父亲给了他一笔钱作为贺礼，他就去纽约最豪华的饭店里挥霍掉了。这样的性格对于文艺创作固然好，却不适合家庭生活。1917年，赖雅与美国著名女权运动家吕蓓卡·赫威琪结婚，生育了一个女儿，但由于双方性格差异，共同生活了一年多就协议分手。

1928年开始，他感兴趣的事情只有两件：一是写作，一是周游世界。这段时间，作为自由撰稿人的赖雅，文章为各大知名杂志如《新共和》《哈泼斯》《星期六晚邮报》等采用，写作的内容涉及文学、烹饪、天文、地理。

1931年，在电影导演约翰·休斯顿的邀请下，赖雅开始在好莱坞创作电影剧本，由于自身的天赋和才华，他迅速成为一个优秀的电影剧作家。他为好莱坞创作剧本，写了十二年，能够以最快的速度创作优秀的剧本。但由于性格不稳定，他总是不停地从一个公司游荡到另一个公司，虽说创作剧本赚了不少的钱，却始终没有成为一流的剧作家。

同时，赖雅接触到了马克思主义，内心对共产主义极其信仰，却没有加入共产党。

赖雅为人慷慨，他帮助过许多有名的作家。赖雅游历德国时与德国戏剧作家布莱希特相识，那个时候布莱希特还没有名气，赖雅回到美国之后便积极地推荐他的作品。当布莱希特从纳粹德国逃亡

第九章 苏醒

到美国的时候，赖雅资助了他路费，并帮助他把家眷也一并移民到了美国。两人建立了深厚的友谊，布莱希特在马克思主义理论方面还是赖雅的老师。但随着布莱希特在20世纪40年代名气急升，两人的友谊也逐渐破灭。

20世纪50年代时，赖雅患上了轻度中风，窥见死亡之际，却遗憾自己并没有留下一部不朽之作。此时，六十多岁的赖雅来麦克道威尔文艺营的目的就是写下一部传世经典。

惊喜的是，他在这里遇见了张爱玲。

很多人都在揣测，张爱玲为什么看上了比她大三十岁的赖雅。有人说，大概是张爱玲遇到了经济问题，希望依靠赖雅解决温饱，还搬出张爱玲小说《倾城之恋》中徐太太的那句话："找事，都是假的，还是找个人是真的。"

但是话说回来，赖雅在经济上并不能给张爱玲多大的帮助，尽管年轻时赖雅在好莱坞写剧本挣了不少钱，可是他爱奢华，出手又大方，赚的钱是有多少花多少。赖雅到文艺营的时候都已经在为自己的经济境况而头疼，更不要说去照顾张爱玲了。

张爱玲一向对欣赏自己的人心存感激，对胡兰成如此，对桑弧如是，对柯灵、胡适也是如此。对于赖雅感情的萌发，大概也是赖雅首先表现出了对张爱玲极其欣赏的缘故。

第一次见到赖雅，赖雅的幽默叫张爱玲印象深刻。聪明的女人总是对睿智幽默的男人有好感。

两天后，一场大雪覆盖了文艺营，皑皑白雪将文艺营的艺术家们都困在大厅中,张爱玲和赖雅在回廊上攀谈了很久。从那以后,两人常常到对方房间去做客,一个月后,便开始并肩坐到大厅进餐。

张爱玲还将前作英文版《秧歌》给赖雅看,受到赖雅的赞誉。赖雅也给张爱玲讲了自己的生活,以及自己对于共产主义的理解。

这一次,又是文学和思想将两颗需要慰藉和理解的心灵拉拢了。

"我们很接近,一句话还没说完,已经觉得多余。"这是张爱玲评价这段感情开始的原话。

而赖雅也在日记中记下:"去房中有同房之好。"

相比起前两段情,张爱玲觉得和赖雅之间的爱情才真正担得上"岁月静好"。

从来好景不长久,彩云易散琉璃碎。

赖雅的居住到期了,打算前往纽约州北部另一个文艺营。患难见真情,也颇有些同病相怜。张爱玲去车站送赖雅,尽管自己经济上也十分拮据,张爱玲还是把自己仅有的一些现金给了赖雅。张爱玲的举动让赖雅非常感动,他在这位中国女子身上不仅看见了大气、端庄、才华,还看见了情深意重。

转眼夏天到了,张爱玲的居住期限也到了,文艺营的名额众多,即便是她早就提出了延期的请求,也没有被批准。张爱玲只有在朋友的救济下,搬到纽约一所公寓。

突如其来的是,张爱玲发现自己怀孕了,她马上写信告诉赖雅。想必怀孕的消息对于张爱玲来说是惊恐胜过所有的心情,她甚至等不及赖雅回信,就急忙赶到赖雅处。两人见面后,赖雅立刻向她求婚,

第九章 苏醒

同时要求张爱玲去做流产,并承诺手术时他会一直陪伴在她身边。

赖雅想到的是,自己年事已高,如果有个孩子恐怕要拖累自己,也拖累张爱玲,于是执意要张爱玲流产。与张爱玲交往极深的夏志清对赖雅的这个决定极其反感,"这个穷得淌淌滴的赖雅,一定要张爱玲去流产!孩子对于女人就像生命一样重要啊,张爱玲流产后是真正枯萎了!如果她有个一男半女,在以后寡居的几十年中会给她带来多大的欣慰和快乐啊!"

婚姻不过是一纸约束。

赖雅此时的求婚,大概多是对张爱玲情感的补偿。两人极其需要这份感情在精神上互相慰藉,但是都意识到难以担负起孩子的责任。而对于一个男人来说,求婚为要求对方流产提供了底气。不过,这时的赖雅并不是一个能够负起责任的男人,他不过是一个无助的年迈老人。

张爱玲亦觉得此时人生艰难,不可以有负担,同样地,她也舍不得放弃这一段真挚得惊动心灵的感情,她毫不犹豫地答应了赖雅的求婚,也毫不犹豫地答应了流产的要求。

两人举行了简单的婚礼,这次同样邀请炎樱做证婚人。真是"年年岁岁花相似,岁岁年年人不同",两场婚礼,一样的对"岁月静好"的追求。只是胡兰成那次显得浪漫却不踏实,而赖雅这次尽管踏实却已经预示了风雨飘摇的人生晚景。

不幸的是,婚后赖雅在一年之中发生了三次中风。新婚的快乐还没有来得及享受,很快就被磨难充斥了。而此时,张爱玲在文艺营花费心思完成的《粉泪》又被司克利卜纳公司拒绝。周芬伶在《艳异》中谈到这部作品失败的原因:"这跟当时出版社的立场有关,有些出版社会从政治立场来考量。……《粉泪》的故事根据《金锁记》改写,政治意识非常淡薄,还是免不了政治偏见的检验。她描写的中国人显然不合出版商心目中的中国人形象。"

张爱玲的文学世界毕竟起源于东方,起源于中国,来源于中国传统,来源于中国市井,张爱玲笔下的东方世界,是美国人难以理解和体会的。

正如张爱玲自己的体会,她在给夏志清的一封信上说:"……正如你所说,我一向有个感觉,对东方特别喜爱的人,他们所喜欢的往往正是我想拆穿的。"(夏志清《张爱玲给我的信件》)

《粉泪》的受挫,在经济上对张爱玲无疑是雪上加霜。同年8月,张爱玲的母亲在伦敦发来病重消息,张爱玲马上就给母亲寄去了一百美元,但是不久就接到了母亲去世的噩耗。张爱玲闻讯后深为悲痛,但同时收到了母亲的遗物,一箱子古董。这些古董都是黄逸梵早年带到欧洲的古董,一直靠变卖它们度日,没卖完的便留给了女儿。

这在一定程度上使张爱玲的经济困境缓解了不少。可是这并不能彻底解决张爱玲与赖雅的经济问题。只要张爱玲的作品得不到承认,他们的生存就会存在一定问题。

张爱玲开始对自己的英文写作丧失信心,她极其需要找到一个突破口。1961年,她开始筹划重回香港,开拓自己的文学市场。

第九章 苏醒

她回香港的事情,最开始并没有和赖雅商量。直到时机成熟,她才向赖雅提起。赖雅一听,心中极为震动,敏感和怀疑立刻充满了内心。正如张爱玲所担心的,赖雅年事已高,所谓的传世遗作对他而言已经没有创作的机会和精力,而且最为难堪的是,他已经失去了经济能力,生活上主要是靠张爱玲的照顾。

赖雅觉得张爱玲应该是要弃他而去了,立刻和女儿霏丝联系,把东西寄托到女儿处,同时又开始联系住处,考虑自己的生计。

面对赖雅的敏感和自尊,张爱玲再多解释也无用。

当张爱玲回到阔别六年的香港,才觉得流年易逝,生活的困顿、恋人的误解、前途的昏暗,都叫张爱玲觉得无从着手。老朋友宋淇夫妻帮她张罗和联系,张爱玲住进廉价的公寓,开始创作电影剧本《红楼梦》。这次的稿酬是一千六百至两千美元。张爱玲从小便喜欢《红楼梦》,有些段落篇章甚至可以背诵。但是这次的创作,张爱玲更多是冲着丰厚的稿酬。她开始不分昼夜地写作,一天工作十几个小时,眼睛溃疡出血,两腿肿胀需要大些的鞋子,却因为要节约钱,而始终没有去买。

昔日红遍上海滩的女作家,如今在香港亦如在美国般低落。实在是因为香港新生代的作家开始逐渐打开市场。以前张爱玲在上海写剧本的时候,都是一些导演上门求她写作,而此时她在香港已经是"过时"作家,必须每天超负荷地工作,当写作沦为求生的工具,是张爱玲一生最大的悲哀。

《红楼梦》剧本完成之后,宋淇夫妇也做不了主,说是要等电影公司看过才可以给稿酬。张爱玲此时心力憔悴，经济上更是难堪。宋淇夫妇为解张爱玲的燃眉之急，又介绍了一部八百美元稿酬的剧本给她写，张爱玲也毫不犹豫地答应了。

在香港的生活越来越困难，在香港文坛找回自己地位的打算也被无情的现实摧毁得烟消云散。

赖雅来信催促张爱玲回美国，他的身体已经基本康复，并且告诉张爱玲，自己的女儿已经为他们找到了一所小公寓，房租不贵，可以度日。

张爱玲离开了香港，之后再也没有回来。尴尬和难堪是香港给最渴望在这座城市实现自己心愿的张爱玲的唯一感触。

然而张爱玲回到美国不久后，赖雅又再次住院，张爱玲对他悉心照顾，没有丝毫的不快。时光和失望一样，时光是抓不住后的失望，失望是因为留不住时光。赖雅此时对张爱玲的依赖，也变成了婴儿对母亲的依恋一般。他在日记中写道："走向他的家，他的爱，他的光明。"

此时的赖雅已经年近七十，他没有办法在人生中重新走向光明，他的人生路途慢慢走向的是灰暗的死亡。

真正的告别来自一次摔倒。一次，赖雅从国会图书馆出来，在街上一跤将股骨摔断，并且又引发了中风。这一次病倒持续了两年，后来大小便失禁。在无限的痛苦中，赖雅告别了张爱玲，告别人世。

这场婚姻持续了十二年，张爱玲和赖雅一起，犹如背上了一个巨大的生活包袱，虽说在情感和文学上，两人相濡以沫，可是在生

第九章 苏醒

活上,赖雅将张爱玲拉入了一个巨大的生活困境。张爱玲的一生基本上是漂泊和困顿的一生。

她说:"我有时候觉得,我是一座孤岛。"

英雄美人皆迟暮。

在《对照记》中,有这样一段文字,恰如此时张爱玲对人生的体悟:

悠长得像永生的童年,相当愉快地度日如年,我想许多人都有同感。

然后是崎岖的成长期,也慢慢长途,看不见尽头。满目荒凉,只有我祖父母的姻缘色彩鲜明,给了我很大满足……

然后时间加速,越来越快,越来越快,繁弦急管转入急管哀弦,急景凋年倒已经遥遥在望。

赖雅去世,张爱玲彻底挣脱了感情的束缚,她像一个新生婴儿一样,重新回到自己最初的状态。她十二岁的时候,曾发表过一篇小说《不幸的她》,里面有一句叹息:

人生聚散,本是常事,无论怎样,我们总有藏着泪珠撒手的一日。

第十章 传奇

第十章 传奇

赖雅过世后，张爱玲开始了离群索居的生活。

深埋功与名，不问红尘是与非。

恰恰是她离群索居之时，20世纪70年代，台湾、香港逐渐兴起了"张爱玲热"。台湾皇冠杂志社决定重印张爱玲早期的作品《传奇》《流言》《秧歌》《怨女》《半生缘》等。

自此以后，她的经济状况好转且平稳了。命运就是如此地捉弄人——在她最需要的时候，名声和利益偏偏不至。

张爱玲心无旁骛，众人越是对她好奇，她越是隐居起来，不见外人。"张爱玲"只见其书，不见其人。她拒绝所有人的访问。

在她隐居的十年里，见过她的只有几个人——王桢、水晶、庄信正、夏志清等，还有一个叫戴文采的台湾记者。

戴文采据说是张爱玲的狂热崇拜者。几经周折打听到张爱玲的公寓，并租了隔壁的房间，对张爱玲进行守株待兔式的等待。

不得不佩服戴文采的耐心寻找，张爱玲晚年的时候为了躲避外界的打扰，一直都在搬家，她甚至不愿意添置家具等物，是害怕一添置东西便在此落地生根。

在漫长和耐心的等待下，戴文采终于等到一次张爱玲出来倒垃圾。她趴在角落细细观察张爱玲，之后将观察所得形成文字：

她真瘦，顶重略过八十磅，生得长手长脚，骨架却极细窄，穿着一件白颜色衬衫，亮如洛家水海岸的蓝裙子，女学生般把衬衫扎进裙腰里，腰上打了无数碎细褶，像只收口的软手袋。因为太瘦，衬衫肩头以及裙摆的褶线始终撑不圆，笔直的线条使瘦长多了不可轻侮……我正想多看她一眼，她微偏了偏身，我慌忙走开，怕惊动她……因为距离太远，始终没有看清她的眉眼，仅是如此已经十分震动，如见林黛玉从书里走出来葬花，真实到几乎极不真实。岁月攻不进张爱玲自己的氛围，甚至想起绿野仙踪……

这个狂热的粉丝，对张爱玲极尽了誉美之词，但是见到张爱玲并不能完全满足她的内心，她开始翻张爱玲丢出来的垃圾，在垃圾里找到只言片语的纸张，变态地研究着，后来还得意地写下一篇文章《我的邻居张爱玲》。

这件事情之后，张爱玲以极快的速度搬了家，除了林式同，再无人知晓她的行踪。

第十章 传奇

　　王桢和张爱玲相识，张爱玲游花莲的时候，王桢是她的导游，张爱玲还在王桢家里住过。张爱玲返回美国后，和王桢长期保持通信。本来王桢有机会和张爱玲见面的，两次约好了，都因为阴差阳错的事情而耽误了，最后再要求见面的时候，张爱玲婉言拒绝了。1990年，王桢不幸英年早逝。

　　张爱玲一向欣赏聪明的人，水晶就是其中幸运的一个。张爱玲看过水晶的评论，觉得他是聪明人，才答应了水晶的多次邀约。

　　水晶是个聪明人，也是个诚实人，知道和聪明如张爱玲交往，最需要的就是真诚。他直接告诉张爱玲，他对张爱玲的第一印象并不像胡兰成"正大仙容"的描述，他只觉得张爱玲的两条胳膊极其地瘦，像杜甫诗歌中的"清辉玉臂寒"。

　　张爱玲听后没有一点不高兴，反而微扬着脸，一直笑着，很是欣赏这个年轻人。这一次谈话进行了七个小时，水晶谈到了张爱玲很多的作品，也谈到自己的作品。

　　谈到最后，张爱玲说，最终觉得她是属于上海的，那个她曾经红噪一时的上海，她说："许多洋人心目中的上海，不知多么色彩缤纷；而我写的上海，是黯淡破败的，而且，就是这样的上海，今天也像古代的大西洋城，沉到海底去了。"

　　说着说着，张爱玲神情渐渐黯淡下来，凄凉地摇了摇手，便不再言语。这个凄凉的手势像是一个告别，又像是一个结束。

　　临走，张爱玲得知水晶已经订婚，特意送了一瓶香奈儿五号作为给新娘的礼物。

至此，这个世上少有再见到张爱玲的人。

张爱玲在后期的创作中依旧有出色的作品。比如《色，戒》。如果张爱玲能活于当世，能看到李安导演对她作品的诠释，不知道她该有多欣慰呢。

这个来源于胡兰成口述的故事，在张爱玲的笔下道尽了人世冷暖、人性明暗，那个"顾盼间光彩照人"的王佳芝在情感面前的脆弱和失败，何尝不是张爱玲自己沧海桑田却孑然一身后对感情的理解。

很难说，胡兰成到底是毁灭了张爱玲，还是成就了张爱玲。她对情感自足，也因情感自困，她在创作时自嘲，在生活中自束，也在人生中顿悟。

长的是磨难，短的是人生。张爱玲这句话，既道出了人生，也窥见了自己。

她到底逐渐地消隐于众人的视线中，她的一生写就了一部传奇。她以遗世独立、隔绝于世的方式与世界告别。无声无息地消逝，如风吹过。

张爱玲是在1995年9月9日中秋前夕，被人发现病逝于洛杉矶西木区公寓内。中秋前夕，月亮将圆未圆，犹如人生的遗憾，也犹如张爱玲消逝的悲哀。

她只留下了简单的遗嘱：一切私人物品都留给在香港的宋淇、邝文美夫妇；立刻火化遗体，不举行任何仪式，骨灰撒到任何宽阔的旷野中。

第十章 传奇

美国西海岸华人作家在玫瑰公园为她举行追思会,日子特意挑在她的生日9月30日。好像是一个特定的轮回,这位才华横溢的女作家,走完了人生的七十五年。

十里洋场,灯红酒绿,觥筹交错,枭雄红颜,时代浪尖,激流涌进,轻轻盈盈走来一个爱玲,好似细雨满天飘飘洒洒的俊逸。行时香风细细,坐下嫣然百媚。如斯红眼,貌不艳丽,却叫人心惊;如斯才女,心纵热爱,却总给人傲冷;此种传奇,写就世俗,却隐忍高贵。

这就是一部叫作"张爱玲"的传奇。

张爱玲年表

一九二〇年

9月30日，出生于上海麦根路（今康定东路），取名张煐。原籍河北丰润。她是清末洋务派名臣李鸿章的曾外孙女。

一九二一年

12月21日，弟弟张子静出生。

一九二二年

迁居天津。父亲在津浦铁路局任英文秘书。

一九二四年

开始私塾教育，在读诗背经的同时，开始小说创作。

张爱玲年表

一九二五年

母亲黄逸梵出洋留学。

一九二七年

七岁的张爱玲随家回到上海,不久,母亲回国,她又跟着母亲学画画、钢琴和英文。

一九二八年

由天津搬回上海,读《红楼梦》《三国演义》。

一九三〇年

十岁时,母亲坚持送张爱玲进学校读书,为此同父亲大吵一场。母女俩偷着跑到黄氏小学,张煐正式取名张爱玲。

一九三一年

秋,就读上海圣玛利亚女校。

一九三二年

圣玛利亚女校校刊,刊载短篇小说处女作《不幸的她》。这是她在《凤藻》上发表的第一篇,也是唯一的一篇小说。

一九三三年

圣玛利亚女校校刊《凤藻》刊载第一篇散文《迟暮》。

一九三七年

《国兴》刊载小说《牛》《霸王别姬》及《读书报告叁则》《若馨评》,《凤藻》刊载《论卡通画之前途》。夏天,毕业于圣玛利亚女校。

一九三八年

旧历年的前一天,逃出父亲家,从此与父亲家告别。同年,虽然考取了英国的伦敦大学,却因为战事激烈无法前往。

一九三九年

考进香港大学专攻文学。

一九四〇年

4月16日,《西风》月刊三周年征文揭晓,张爱玲的《天才梦》获第十三名。

一九四二年

香港沦陷,未毕业即回上海,给英文《泰晤士报》写剧评、影评:《婆媳之间》《鸦片战争》《秋歌》《乌云盖月》《万紫千红》

《燕迎春》《借银灯》。也替德国人办的英文杂志《二十世纪》写《中国的生活与服装》(Chinese Life and Fashions)。

一九四三年

《紫罗兰》杂志连载中篇小说《沉香屑:第一炉香》《沉香屑:第二炉香》。

《杂志》月刊刊载《茉莉香片》《到底是上海人》《倾城之恋》《金锁记》。

《万象》月刊刊载《心经》《琉璃瓦》。

《天地》月刊刊载《散戏》《封锁》《公寓生活记趣》。

《古今》月刊刊载《洋人看京戏及其他》《更衣记》。

一九四四年

《万象》月刊连载长篇小说《连环套》。

《杂志》月刊刊载《必也正名乎》《红玫瑰与白玫瑰》《殷宝滟送花楼会》《论写作》《有女同车》《走!走到楼上去!》《说胡萝卜》《诗与胡说》《写什么》《忘不了的画》《等》《年青的时候》《花凋》《爱》。

第一本短篇小说集《传奇》由上海杂志社出版发行。

《天地》杂志刊载《童言无忌》《造人》《打人》《私语》《中国人的宗教》《谈跳舞》《道路以目》《烬馀录》《谈女人》。

《小天地》杂志刊载《散戏》《炎樱语录》。

《苦竹》月刊刊载《谈音乐》《自己的文章》《桂花蒸阿小悲秋》。

与胡兰成结婚,炎樱作为证婚人。

一九四五年

《杂志》月刊连载《创世纪》《姑姑语录》《留情》《苏青张爱玲对谈记》《吉利》《浪子与善女人》。

《小天地》月刊刊载《气短情长及其他》。

《天地》月刊刊载《卷首玉照及其他》《双声》《我看苏青》。

《倾城之恋》在上海公演。

一九四七年

《大家》月刊刊载《华丽缘》《多少恨》。

《传奇》(增订本)由上海山河图书公司出版。

与电影导演桑弧合作从事影剧活动,写出三部电影剧本《太太万岁》《不了情》《哀乐中年》(与桑弧合编)。

与胡兰成离婚。

一九四八年

以梁京为笔名在上海《亦报》连载《十八春》(后改名"半生缘")。

一九四九年

以梁京笔名在上海《亦报》上发表小说。

一九五〇年

7月,参加上海第一届文学艺术界代表大会。

一九五一年

11月,《十八春》由上海《亦报》社出版单行本。11月4日至次年1月24日,《小艾》(中篇小说)在《亦报》第三版发表。

一九五二年

赴香港,向香港大学申请复学获准。赴港后,在美国驻香港新闻处工作。写电影剧本《小儿女》《南北喜相逢》。翻译《老人与海》《爱默森选集》《美国七大小说》(部分)。

一九五四年

《秧歌》《赤地之恋》在《今日世界》连载,后在香港出版英文本及中文本。

《传奇》改名"张爱玲短篇小说集",在香港由天风出版社出版。今日世界出版社刊行译作《无头骑士》。

一九五五年

秋天,乘"克利夫兰总统号"离港赴美。

与好友炎樱同去拜访胡适。

一九五六年

得 Edward Mac Dowell Colony 的写作奖金。

8月,三十六岁的张爱玲与六十五岁的赖雅结婚。

一九五七年

母亲在英国病逝。

一九五八年

为香港电懋电影公司编《情场如战场》《桃花运》《人才两得》等剧本。

一九六〇年

成为美国公民。

一九六一年

为了搜集写作材料,自美飞台转港。这是张爱玲唯一的台湾行,后来写入英文散文题目是《重回前方》。11月到港后为电懋电影公司赶写了两个剧本,其中之一是1961年极为卖座的《南北》和续集《南北一家亲》。在台湾旅行期间，丈夫赖雅在美中风瘫痪，此后张爱玲的生活和精神都承受了相当沉重的负担。

一九六二年

回美国华盛顿与丈夫赖雅重聚。

一九六六年

香港《星岛晚报》连载长篇小说《怨女》（根据《金锁记》改编）。后《怨女》由皇冠出版社出版。

一九六七年

丈夫赖雅以七十六岁之龄去世。
获邀任美国纽约雷德克里芙学校驻校作家。
着手英译清代长篇小说《海上花列传》。

一九六八年

《秧歌》《张爱玲短篇小说集》《流言》由皇冠出版社出版。
《皇冠》杂志、香港《星岛晚报》连载《半生缘》。

一九六九年

《半生缘》由皇冠出版社出版。
《皇冠》杂志发表《红楼梦未完》。

转入学术研究，任职加州柏克莱大学"中国研究中心"。

一九七二年

自"中国研究中心"离职。

一九七三年

定居洛杉矶。

《幼狮文艺》刊载《初评红楼梦》。

一九七四年

《中国时报》人间副刊刊载《谈看书》《<谈看书>后记》。

一九七五年

完成英译《海上花列传》。

《皇冠》杂志刊载《二评红楼梦》。

一九七六年

《张看》由皇冠出版社出版。

《联合报》刊载《三评红楼梦》《<张看>自序》。

一九七七年

《红楼梦魇》由皇冠出版社出版。

一九七九年

《中国时报》社刊载《色，戒》。

一九八一年

《海上花列传》由皇冠出版社出版。

一九八三年

《惘然记》由皇冠出版社出版。

《幼狮文艺》刊载《初评红楼梦》。1984年《联合文学》刊载电影剧本《小儿女》《南北喜相逢》。

一九八七年

《余韵》由皇冠出版社出版。

一九八八年

《续集》《表姨细姨及其他》《谈吃与画饼充饥》由皇冠出版社出版。

一九九〇年

台北《联合报》副刊2月9日刊载《草炉饼》。

一九九一年

《张爱玲全集》典藏版:《秧歌》《赤地之恋》《流言》《怨女》《倾城之恋》《第一炉香》《半生缘》《张看》《红楼梦魇》《海上花开》《海上花落》《惘然记》《续集》《余韵》,由皇冠文学出版有限公司出版。

一九九二年

《爱默森选集》由皇冠文学出版有限公司出版。
《张爱玲文集》(四卷本)由安徽文艺出版社出版。
《张爱玲评传》由花山文艺出版社出版。

一九九三年

完成《对照记》。
《联合文学》刊载电影剧本《一曲难忘》。

一九九四年

《对照记》由皇冠文学出版有限公司出版。

一九九五年

9月8日,逝于洛杉矶公寓,当时身边没有一个人,恰逢中国的团圆节日——中秋节,享年七十五岁。

9月19日，林式同遵照张爱玲遗愿，将遗体在洛杉矶惠捷尔市玫瑰岗墓园火化。

9月30日，张爱玲的生忌，林式同与数位文友将她的骨灰撒在太平洋。